Strade blu

Giada Messetti

NELLA TESTA DEL DRAGONE

Identità e ambizioni della Nuova Cina

MONDADORI

Cartina a p. 172: Xinhua via ZUMA Wire/Mondadori Portfolio

librimondadori.it

Nella testa del Dragone
di Giada Messetti
Collezione Strade blu

ISBN 978-88-04-72321-9

I edizione febbraio 2020

Indice

Nella testa del Dragone

Introduzione

> La portata dello spostamento prodotto dalla Cina sull'equilibrio mondiale è tale da costringere il mondo a trovare un nuovo bilanciamento. Non è possibile fingere che si tratti semplicemente di un altro grande attore. Questo è il più grande attore nella storia del mondo.
>
> LEE KUAN YEW, ex premier di Singapore

Sono arrivata a Pechino per la prima volta nel settembre 2002. Avevo ventun anni ed ero al terzo anno di università. Niente di incredibile, un viaggio normale per una che aveva deciso di studiare cinese. Ero tanto orgogliosa di me perché, al momento di concludere le pratiche di iscrizione alla Language and Culture University di Pechino, mi era venuta un'idea a mio avviso geniale: facendo i calcoli, mi ero accorta che seguire un corso di cinque mesi alloggiando nel dormitorio meno costoso (3,5 dollari a notte) mi sarebbe costato più o meno la stessa cifra che avrei speso seguendo un corso trimestrale in un alloggio da 10 dollari a notte. Mi sembrava un paese talmente lontano che tra me e me avevo pensato: «Una volta che vai in Cina, tanto vale fermarsi il più possibile». Ovviamente non potevo immaginare cosa significasse vivere in un dormitorio da 3,5 dollari a notte in un'università cinese nel 2002.

L'impatto fu scioccante. Nonostante quella fosse un'università per stranieri, nessuno conosceva una parola d'inglese. Capirsi era sempre un'impresa complicatissima, anche perché all'epoca il mio cinese lasciava molto a desiderare. Nel vecchio palazzone in cui vivevo ero costretta a condividere il bagno con quaranta persone. C'erano una zona docce, una zona lavandini senza acqua potabile né acqua calda e una zona con delle turche di porcellana profonde e panciute, con una sorta di scudo antischizzi nella parte anteriore. L'unica parvenza di igiene veniva garantita, due volte al giorno, dal passaggio di una signora di mezza età con un gigantesco mocio grigio scuro, strofinato indiscriminatamente su tutti i pavimenti. Erano tempi in cui a Pechino era vietato buttare la carta igienica nel water, essendo le tubature a forte rischio otturazione.

Anche l'impatto con la mia stanza fu piuttosto sconvolgente. Era divisa a metà, una parte arredata con cura e l'altra, la mia, spoglia e desolata: una scrivania, un piccolo armadio e un letto in legno. Quando ho sfiorato per la prima volta il letto per appoggiarci sopra le lenzuola che mi erano state fornite, sei scarafaggi grossi come un'albicocca sono schizzati fuori dalle assi sbilenche e hanno cominciato a correre all'impazzata sul muro e sulla testiera. Il ricordo è nitido: cominciai a piangere in silenzio e mi maledissi per l'idea, che a quel punto non mi sembrava più così geniale, di rimanere in quel luogo cinque mesi anziché tre.

Se ripenso alla versione di me ventunenne in quel dormitorio, il primo giorno a Pechino, provo una grande tenerezza perché, in realtà, quei cinque mesi si sono poi rivelati molto divertenti e formativi. La mia stanza, anche grazie a una coinquilina serba favolosa, è diventata molto accogliente e io ho sviluppato la grande abilità, che conservo ancora oggi, di ammazzare gli scarafaggi con un'incredibile velocità. È stato quel primo viaggio a contagiarmi con il «mal di Cina» e a convincermi che avesse senso appassionarsi a un paese così diverso da tutto ciò che avevo visto e conosciuto fino ad allora.

In quei primi mesi a Pechino ho avuto la sensazione di

tornare indietro nel tempo. I cinesi che possedevano un telefono cellulare erano rari, mentre noi studenti stranieri ce l'avevamo quasi tutti. In Italia era già prassi comune fissare un appuntamento via sms, a Pechino ho dovuto riabituarmi a comporre i numeri fissi e ad accordarmi prima dei saluti su quando ci si sarebbe rivisti.

Di Cina, all'epoca, nel nostro paese si parlava pochissimo, ma qualcuno già profetizzava l'inizio del secolo cinese. Il 2001 è stato infatti l'anno della svolta: il 13 luglio Pechino è stata scelta come sede delle Olimpiadi del 2008; l'11 dicembre, la Repubblica popolare cinese è entrata a far parte del WTO, l'Organizzazione mondiale del commercio. Il processo che proprio in questi anni sta raggiungendo il suo apice è diventato inarrestabile in quel momento: il Celeste Impero, dopo decenni di chiusura durante il maoismo e dopo vent'anni di riforme economiche, aveva iniziato la sua vertiginosa ascesa tra i protagonisti del panorama mondiale.

Quando sono tornata in Cina nel 2005 – questa volta per viverci stabilmente – il gap con l'Italia si era già ridotto: Pechino cavalcava l'onda lunga che nel giro di tre anni l'avrebbe portata a diventare una città orgogliosa e contemporanea, in grado di portare a compimento, in maniera impeccabile, i Giochi della XXIX Olimpiade. Grazie al mio lavoro di collaboratrice con gli uffici di corrispondenza per la Tv e la Radio italiane e per alcuni quotidiani e periodici nazionali, ho avuto la fortuna di poter girare il paese in lungo e in largo. Ho risalito in nave il Fiume Azzurro fino alla diga delle Tre Gole (il più grande impianto idroelettrico del mondo, che soddisfa il 3 per cento del fabbisogno energetico del Dragone), sono salita prima su treni obsoleti e scomodissimi, poi su carrozze modernissime sparate come proiettili lungo le più lunghe e moderne tratte ad alta velocità esistenti.

Ho indagato le contraddizioni del paese che mi ospitava, ho intervistato scienziati e uomini d'affari, insegnanti e scrittori, artisti e sportivi. Ho parlato con la gente comune, soprattutto. Ho ascoltato le confidenze degli ultimi «ascensoristi», gli addetti alla pigiatura dei tasti dei diversi piani nei grandi *compound* della capitale. Rinchiusi nei pochi metri quadrati di quelle sgangherate cabine, gelide d'inverno e soffocanti d'estate, salivano e scendevano per decine di ore di seguito, quasi sempre sorridenti e disposti a rivelarti una novità sulla vita del palazzo o del quartiere. Figure mitiche ora sostituite da ascensori ultramoderni e velocissimi.

Ho camminato dentro capannoni industriali giganteschi, ho visto crescere boschi di grattacieli nelle grandi città, distese di pale eoliche nei luoghi dove sembrava esserci soltanto il vento. Ho sfruttato gli eccellenti servizi e le strutture di terminal aeroportuali avveniristici ed efficienti. Ho visto Internet diffondersi ed entrare nelle case dei cinesi (dopo qualche anno l'avrei vista entrare anche nelle «cose»). Mi sono finta prostituta russa per scrivere un reportage sulla tratta di ragazze mongole in Cina; ho visitato il ghetto di Shanghai, che diede rifugio a circa ventimila ebrei in fuga dal massacro nazista in Europa.

Ho imparato che esistono dieci, cento, mille Cine diverse. Esplorarle è come fare un viaggio su una macchina del tempo: puoi ritrovarti nel villaggio remoto della provincia del Gansu fermo all'epoca preindustriale, così come sostare col motorino a un incrocio di una grande città e vedere arrivare un drone che ti sgrida e ti intima di indossare il casco se non vuoi ricevere una multa salata.

Soprattutto, ho visto plasmarsi, prendere forma e maturare quella che il giornalista americano Evan Osnos ha definito «l'era dell'ambizione». Attorno a me tutto cambiava e correva a una velocità inimmaginabile: i quartieri di Pechino sparivano in una notte, immensi palazzi spuntavano in poche settimane. Ricordo che negli anni della mia vita pechinese ciò che mi colpiva di più, quando rientravo in Italia per le vacanze, era la sensazione che il mio paese fosse immobile e rassegnato, mentre dall'altra parte del mondo scorreva un flusso irrefrenabile di energia, slancio e ambizioni.

Nel 2011, dopo sei anni, ho scelto di rientrare in Italia. Avevo bisogno di tornare in un luogo dove le cose mi appartenessero e in cui non sentirmi, in fin dei conti, un'estranea. Per qualche anno ho messo la Cina in un cassetto. Quando sono tornata a Pechino nella primavera del 2015, su suggerimento di un amico saggio, la città aveva già compiuto un ulteriore balzo in avanti, finendo col sorpassare e col lasciare indietro il mio riferimento più diretto, la Milano in cui all'epoca vivevo. Era cominciata la grande corsa tecnologica. In quell'anno, a Pechino, era già possibile fare tutto – e quando dico tutto, intendo proprio tutto – tramite smartphone, grazie all'applicazione WeChat, *Wēixìn* in cinese.

Paragonare «noi» e «loro», per me, è sempre stato inevitabile. Ho avuto costantemente bisogno di trovare dei punti di riferimento tra ciò che mi era familiare e ciò che di nuovo e sconosciuto incontravo là, perché, a differenza di quanto sostiene la pluriabusata citazione del film di Marco Bellocchio, la Cina non è affatto vicina. È molto lontana e completamente diversa, dove l'aggettivo «diverso» non ha un'accezione positiva o negativa, è semplicemente un dato di fatto.

Capire e accettare questa differenza è molto importante, per evitare che il nostro punto di vista di occidentali abbia il sopravvento e si trasformi in uno sguardo giudicante. Quando si ha a che fare con il Dragone è fondamentale provare a relativizzare, senza tuttavia rinunciare alla nostra identità e ai nostri valori. L'Occidente ha creduto da sempre di sapere come si sarebbe comportata la Cina. Da parte sua, il Celeste Impero ha ormai dimostrato di sfuggire ai nostri riferimenti e di essere piuttosto imprevedibile nel suo modo di agire.

Questo libro vuole essere un breve viaggio nella Cina di oggi, un tentativo di fornire qualche elemento di comprensione e consapevolezza in più su ciò che sta succedendo nel mondo anche e soprattutto grazie alla spinta cinese. Senza ambizioni di esaustività, provando a rintracciare il capo di qualche filo nel complesso groviglio della realtà.

La Cina è l'esperimento meglio riuscito nel laboratorio della globalizzazione. In un quarantennio il paese asiatico ha sollevato dalla povertà settecento milioni di persone. Mai prima d'ora si era visto un tale terremoto nei paradigmi geopolitici, fonte di inevitabili cambiamenti epocali. Si dispiega ormai davanti ai nostri occhi un nuovo assetto mondiale – ancora una volta bipolare, da una parte gli Usa, dall'altra la Cina – che renderà necessario un continuo esercizio di diplomazia ed equilibrio. Noi occidentali, per la prima volta, dobbiamo confrontarci con una cultura differente senza che il nostro presupporre di essere migliori-superiori conti o serva a qualcosa. Uno scenario completamente inedito che richiede ascolto, studio, reciproca comprensione e conoscenza.

È una grande sfida, la sfida del nostro tempo.

I
Il Sogno cinese

Senza la capacità di decifrare iscrizioni inesistenti scritte con inchiostro invisibile su pagine bianche, nessuno dovrebbe mai sognarsi di analizzare la natura e la realtà del comunismo cinese.

SIMON LEYS, sinologo

Sono le 12.30 di un'afosa giornata di luglio a Pechino. Il ristorante si chiama Qing Feng Baozi Pu. È affollato, c'è un rumore di fondo di chiacchiere e stoviglie molto forte. L'aria condizionata, come spesso accade in questa città, è talmente esagerata che costringe a coprirsi le spalle. Il cameriere porta il menu. È tutto in cinese. Scorro i caratteri, ma non riesco a trovare quello che cerco. Eppure, sono sicura che il ristorante sia quello giusto. Ricontrollo. Rassegnata faccio un cenno al *fuwuyuan*, così si chiamano in Cina i camerieri, e domando: «Ho letto che qualche anno fa è stato a pranzo qui il presidente Xi Jinping e che da allora servite il menu che aveva ordinato lui».

Il giovane cambia espressione. Si incupisce. Non riesco bene a capire cosa stia succedendo. Si avvicina e mi spiega che è meglio non nominare Xi Jinping, è «inopportuno».

Io incasso, ma insisto con la mia richiesta, evitando di commettere lo stesso errore. Mi limito a mostrargli la fotografia del vassoio del presidente trovata online.

Passano pochi minuti e le pietanze arrivano sul mio tavolo: i tradizionali *baozi* ripieni di maiale e cipolla, una porzione di fegato di maiale stufato e delle verdure saltate.

Qualche mese dopo essere diventato presidente della Repubblica popolare cinese, Xi Jinping è entrato qui, si è messo in coda, ha ordinato il suo vassoio di cibo e si è seduto tra i normali clienti a chiacchierare e consumare il suo pranzo, al prezzo di 21 yuan (3 euro circa). Una mossa senza precedenti per un capo di Stato cinese. La notizia è rimbalzata su tutti i giornali e su tutti i siti, dando origine a raffinate teorie secondo cui la scelta di cibi particolarmente frugali avrebbe inteso sottolineare e pubblicizzare la grande campagna anticorruzione tra i membri del Partito comunista cinese, lanciata da Xi Jinping appena salito al potere. Da allora, il ristorante Qing Feng Baozi Pu ha aumentato le sue filiali del 70 per cento, raggiungendo la bellezza di 314 locali. L'ormai leggendaria «combo del presidente», tuttavia, non deve essere nominata.

Xi Jinping è il personaggio da cui non si può prescindere se si vuol capire la Cina di oggi. È il segretario del Partito comunista cinese dal novembre 2012, e dal marzo 2013 è il sesto presidente della Repubblica popolare cinese. Fa parte della cosiddetta quinta generazione di leader e, già nel 2017, veniva definito dal settimanale «Economist» l'uomo più potente del mondo.

Ora non vorrei che quello che sto per scrivere fosse frainteso e scambiato per uno sfoggio non richiesto delle mie competenze linguistiche. Tuttavia, ho ascoltato innumerevoli varianti della pronuncia del nome del presidente cinese da parte di italiani, tutte rigorosamente sbagliate. In fondo, stiamo parlando dell'uomo più potente del mondo. Saper pronunciare il suo nome è senz'altro utile e mi sembra un ottimo punto di partenza. Guardatevi soprattutto da chi lo chiama «Ksi Ginping», la formula più diffusa tra quelle errate. Nella lingua cinese, la «x» iniziale ha il suono della «sc» di «scivolare» (in realtà, cercate di avvicinare la lingua ai denti inferiori, invece che a quelli superiori...) e la «g» finale è muta. La pronuncia corretta è questa: «Sci Ginpin».

Da quando è diventato il numero uno del Celeste Impero, Xi Jinping ha subito voluto dare di se stesso un'immagine di rottura rispetto ai suoi predecessori: «Presidente del popolo», così ha voluto farsi etichettare. Forse perché di popolare, almeno in quanto a origini, non ha pressoché nulla.

Il «principino rosso»

Xi Jinping è un «principino rosso» (in cinese 太子党, *tàizǐ dǎng*), il nome con cui vengono definiti i figli dei protagonisti del processo rivoluzionario che portò Mao Zedong a vincere contro i nazionalisti di Chiang Kai Shek e a fondare la Repubblica popolare cinese nel 1949. Suo padre, Xi Zhongxun, ha combattuto a fianco di Mao Zedong durante la Lunga Marcia, e quando Xi Jinping nasce a Pechino (c'è però chi sostiene sia nato a Fuping, nella provincia nordoccidentale dello Shaanxi) nel 1953, terzo di quattro figli, è ministro del dipartimento della Propaganda. Cinque anni dopo, Xi Zhongxun diventa vicepremier.

Il piccolo Xi Jinping trascorre la sua infanzia a Zhongnanhai, il blindatissimo quartier generale del Partito comunista cinese, dove ancora oggi i dirigenti politici del paese agiscono e prendono le decisioni fondamentali. Viene ammesso alla prestigiosa scuola Primo Agosto, detta anche «la culla dei leader», e frequenta i figli degli altri potenti del paese. Vive con loro, gioca con loro, cresce con loro, e con loro è consapevole del ruolo di responsabilità e del destino che far parte di quella élite comporta.

All'inizio degli anni Sessanta, però, cambia tutto. Il padre di Xi Jinping cade in disgrazia e viene mandato a lavorare in fabbrica, mentre la madre, Qi Xin, viene spedita in una fattoria. La situazione peggiora con l'inizio della Rivoluzione culturale, la campagna politica che Mao Zedong lancia durante i suoi ultimi dieci anni al potere (1966-1976) per rafforzare la sua autorità all'interno del partito, dove stavano prendendo il sopravvento i riformisti Deng Xiaoping, allora segretario del Partito comunista, e Liu Shaoqi, all'epoca presidente della Repubblica popolare.

Etichettato come «nemico del popolo», preso di mira dalle Guardie Rosse e costretto a pesanti sessioni di autocritica pubblica nello Stadio dei Lavoratori di Pechino, Xi Zhongxun finisce in carcere, dove – racconterà – trascorre le sue giornate percorrendo un interminabile cammino circolare, diecimila passi in senso orario e diecimila passi in senso antiorario.

Il tredicenne Xi Jinping passa all'improvviso da una condizione di estremo privilegio a una di estremo disagio. La scuola Primo Agosto viene chiusa e lui è costretto a fare vita di strada assieme agli altri «figli di» come lui. Le Guardie Rosse lo catturano e lo obbligano a denunciare il padre ben quattro volte.

Nel 1967, come milioni di altri giovani viene mandato nelle campagne per essere rieducato ai veri valori della rivoluzione dagli unici autentici custodi rimasti, secondo Mao Zedong: i contadini. Destinazione Liangjiahe, un piccolo villaggio nella prefettura di Yan'an, nella provincia nordoccidentale dello Shaanxi, roccaforte di suo padre.

In un'intervista del 2004, parlando del viaggio verso il suo percorso di rieducazione, Xi Jinping ricorda che sul treno per Yan'an piangevano tutti, ma lui sorrideva perché sapeva che, se fosse rimasto a Pechino, sarebbe potuto essere vittima della furia delle Guardie Rosse e non sopravvivere.

La vita a Liangjiahe non è come Xi Jinping si immaginava. Rimane scioccato dalla fatica del lavoro nei campi e, per potersi riposare, comincia a fumare e a trascorrere molto tempo in bagno. «La prima prova da superare» dichiarerà negli anni «è stata quella delle pulci. Appena arrivato, non riuscivo a sopportarle. La mia pelle reagiva male alle loro punture. Il mio corpo si è cosparso di piaghe rosse che poi si sono trasformate in vesciche e sono scoppiate. Era dolorosissimo. Dopo tre anni, però, ho smesso di aver paura dei loro morsi perché la mia pelle era diventata dura come quella di bue e di cavallo.»[1]

Di questo periodo i media riportano molti particolari suggestivi. Xi Jinping viveva nelle grotte assieme agli abitanti del villaggio, dormiva su un *kang*, il letto tradizionale cinese di mattoni e argilla, pascolava le pecore, costruiva dighe e riparava strade. Soprattutto, l'agiografia vuole che leggesse tantissimo: in rete si trovano documentari in cui i contadini di quelle campagne ricordano le pesanti valigie piene di libri con cui Xi Jinping si era presentato al villaggio.

La stampa ufficiale, tuttavia, tralascia di menzionare quanto la ferocia della Rivoluzione culturale si sia abbattuta sulla famiglia Xi. È infatti proprio a Liangjiahe che il giovane Xi Jinping riceve la notizia del suicidio della sorellastra Xi Heping, la primogenita di suo padre, impiccatasi all'asta di una doccia dopo dieci anni di persecuzioni da parte delle Guardie Rosse.

I sette anni trascorsi a Liangjiahe sono molto importanti perché, nella narrazione pubblica, diventano la base del fondamentale concetto di «Xi Jinping, presidente vicino al popolo». Sono il periodo che, secondo le sue stesse parole, ha rappresentato una sorta di «rinascita»: «Quando sono arrivato nelle terre gialle ero agitato e confuso, quando me ne sono andato, a ventidue anni, avevo obiettivi chiari ed ero pieno di fiducia» ha scritto nel 1998. Ancora oggi dichiara di sentirsi un «nativo di Yan'an» e sostiene che molte delle sue idee siano maturate negli anni di formazione trascorsi in quel luogo.

[1] Chris Buckley, *An Interview with Xi, Long Before He Was China's Leader*, Blog Sinosphere e «The New York Times», 12.6.2014, https://sinosphere.blogs.nytimes.com/2014/06/12/an-interview-with-xi-long-before-he-was-chinas-leader/

All'inizio degli anni Settanta, Xi Jinping torna a Pechino e – a differenza dei suoi fratelli e sorelle, che si trasferiscono a Hong Kong e in Canada, e di molti «principini rossi» che scelgono di dedicarsi ad altro per dimenticare i dolorosi anni appena trascorsi – decide di diventare «più rosso dei rossi» ed entrare a far parte del sistema politico che ha perseguitato lui e la sua famiglia. Mentre suo padre era ancora in prigione, aveva compiuto sette tentativi prima di essere ammesso nel Partito comunista cinese e quando nel 1974 viene finalmente accettato, sembra avere le idee chiare. Laureato in ingegneria chimica nella prestigiosa università Qinghua di Pechino, entra nell'esercito e comincia a lavorare come segretario di Geng Biao, un alto funzionario della Difesa molto amico di suo padre. Da subito dimostra di essere ben consapevole di quanto i ruoli militari in Cina servano a raccogliere prestigio e influenza, ma non siano in grado di garantire una reputazione politica di alto livello: all'inizio degli anni Ottanta lascia la carriera nell'esercito per passare a quella civile.

Nello stesso periodo sposa Ke Lingling, l'elegante figlia dell'ambasciatore cinese in Gran Bretagna, ma i due divorziano poco tempo dopo, quando lei decide di trasferirsi a Londra col padre invece di seguire il marito in una provincia sperduta della Cina.

L'ascesa al potere

Nonostante i suoi nobili natali, nella scalata al vertice del partito Xi Jinping si fa le ossa in province difficili, consapevole che la gavetta lontana da Pechino sia l'unica strada per arrivare al potere centrale evitando nel contempo l'odio e le invidie dei compagni con origini meno altolocate.

Nel 1982, poco prima di compiere trent'anni, chiede di essere rispedito nelle campagne e finisce nella poverissima provincia dello Hebei, non lontana da Pechino. Nel giro di un anno diventa segretario della prefettura di Zhengding e caratterizza la sua politica con prese di posizione che noi definiremmo populiste: regala la prima automobile estera importata nel paese all'ufficio dei quadri del partito in pensione e tiene per sé una vecchia jeep, garantisce la priorità per le visite mediche agli anziani veterani, indossa spesso i suoi pantaloni militari verdi per dimostrare umiltà.

Xi Jinping ha ben chiara la lezione del padre che, dopo la morte di Mao Zedong, nel 1978 viene riabilitato da Deng Xiaoping e nei primi anni Ottanta ha un ruolo fondamentale nella costituzione delle Zone economiche speciali, in cui si sperimenta l'attrazione di investimenti stranieri per favorire il decollo industriale della Cina. Anche il giovane Xi Jinping si cimenta con le politiche di mercato e permette ai contadini di utilizzare i terreni per allevare gli animali piuttosto che per coltivare grano per lo Stato.

Nel 1985 si trasferisce nella provincia meridionale del Fujian, una delle più corrotte del paese, ma anche una delle più vivaci per quanto riguarda il business. Abilissimo nella gestione della sua immagine, dovendo incontrare investitori stranieri dismette i pantaloni militari e comincia a indossare il completo all'occidentale. Tra le sue molte caratteristiche il Fujian ha quella di trovarsi di fronte all'isola di Taiwan: in molti sostengono che l'attenzione di Xi Jinping per la scottante questione dell'indipendenza taiwanese sia maturata proprio in questo periodo (affronteremo più avanti l'argomento).

Nello stesso anno, il futuro presidente compie un viaggio negli Stati Uniti. Per due settimane è ospite nello Iowa di due cittadini americani, Eleanor e Thomas Dvorchak. Dorme nella stanza dei loro figli. Non si presenta come segretario di partito, ma come rappresentante dell'Associazione per l'alimentazione di Shijiazhuang e studia metodi per l'allevamento del bestiame. Tornerà a trovarli nel febbraio 2012, poco prima di diventare segretario nazionale del

PCC, e davanti alle telecamere ricorderà con commozione la stanzetta in cui lo avevano accolto quando non aveva ancora costruito il suo futuro politico. Assieme alla visita al presidente Barack Obama, sarà questa una delle prime uscite pubbliche per presentarsi anche all'Occidente.

I sedici anni che Xi Jinping trascorre nel Fujian sono fondamentali sia politicamente sia a livello di storia personale. È qui che conosce Peng Liyuan, la sua seconda moglie, definita da molti osservatori «la sua arma segreta». Quando un amico comune li fa incontrare, il trentatreenne Xi Jinping è il vicesindaco della città di Xiamen, mentre la ventiquattrenne Peng Liyuan è già uno dei soprani più famosi della Cina, grazie agli innumerevoli dischi incisi e alle sue performance canore nella tradizionale trasmissione in onda la sera del Capodanno cinese, un format che raccoglie attorno al televisore qualcosa come ottocento milioni di spettatori (per capirci, la trasmissione italiana più seguita, il festival di Sanremo, raggiunge i dieci milioni nelle edizioni più fortunate). Su YouTube sono presenti i video delle sue esibizioni: un soprano cinese è molto diverso da un soprano occidentale. Per comprenderlo, è indispensabile disporsi all'ascolto.

Nata nel 1962 in una famiglia povera di provincia, Peng Liyuan si arruola giovanissima nella prestigiosa compagnia artistica dell'Esercito popolare di liberazione, ottenendo addirittura il grado di generale. Rimane famosa, benché sia stata completamente eliminata dal web cinese, la foto della controcopertina di un numero della rivista dell'esercito che la ritrae in divisa mentre canta canzoni patriottiche per «confortare le truppe impegnate a far rispettare la legge marziale» durante le proteste di piazza Tienanmen.

Quando lei e Xi Jinping si sposano, Peng Liyuan è molto più conosciuta del coniuge. Ciò crea all'inizio qualche imbarazzo, ma presto si trasforma in un punto di forza: negli anni Novanta, infatti, Peng Liyuan sfrutta le sue connessioni al vertice dell'esercito per introdurre il marito tra i leader della fazione shanghaiese del partito, che fa capo all'allora presidente Jiang Zemin.[2]

I due vivono lontani per vent'anni, dal 1987 al 2007: lei a Pechino, dove porta avanti la sua carriera, e lui in periferia. Xi Jinping non riesce a stare vicino alla moglie nemmeno quando nasce la figlia Mingze, perché in quei giorni del giugno 1992 il Fujian viene colpito da un tifone e lui, da capo del partito locale, non può che rimanere al suo posto di comando.

Lei è colta e raffinata, lui un funzionario che lavora duramente e mantiene un basso profilo. «*Soft power* matrimoniale» è stato definito da alcuni, ed effettivamente ha funzionato. Il mondo del web cinese ha spesso celebrato l'amore tra i due attraverso video e fotomontaggi. Uno dei più famosi è la canzone *Lo zio Xi ama mamma Peng*, che recita: «Gli uomini dovrebbero imparare da Xi, le donne da Peng». Nel 2007, quando Xi Jinping compie l'ennesimo avanzamento di carriera diventando segretario del partito di Shanghai, candidandosi a entrare nell'Olimpo dei leader cinesi, Peng Liyuan comincia a sostituire la sua presenza mediatica di cantante con quella di personalità impegnata nella beneficenza, nell'attivismo contro l'HIV e nell'educazione femminile. Non è un caso: si sta infatti preparando a

[2] Jiang Zemin è stato sindaco (1985-87) e segretario del partito (1988-89) a Shanghai. Nella primavera del 1989 prende una posizione dura contro la protesta studentesca di piazza Tienanmen e, in occasione del rimpasto degli organi direttivi del PCC, ne diventa segretario generale. A partire dagli anni Novanta è a capo della cosiddetta *Shanghai clique*, una delle due fazioni più potenti all'interno del partito, promotrice di una politica elitaria, a causa della forte presenza di «principini rossi», e contrapposta a quella legata a Hu Jintao e alla Lega giovanile del partito, indicata come «populista» soprattutto per l'attenzione alle tematiche redistributive. Hu Jintao sarà il successore di Jiang Zemin e il predecessore di Xi Jinping: diventerà segretario generale del Partito comunista cinese nel 2002 e presidente della Repubblica popolare nel 2003.

incarnare la prima *first lady* all'occidentale della storia cinese e quando Xi Jinping diventa presidente della Repubblica, compare subito sulla rivista «Vanity Fair» come regina di eleganza e di stile.

Dopo avere scalato le cariche nella provincia del Fujian fino a diventarne governatore, nel 2002 Xi Jinping diventa segretario della provincia dello Zhejiang, una delle più sviluppate a livello economico. Promuove il business privato e le imprese locali, tra cui Alibaba, l'allora nascente colosso dell'e-commerce fondato da Jack Ma (un personaggio di cui riparleremo nel III capitolo), e nei cinque anni in cui amministra quel territorio incrementa l'export del 33 per cento. Cura un diario online, il blog «New Sayings from Zhejiang», per raccontare i problemi che tormentano la regione e mantiene sempre un basso profilo che descrive con una delle sue frasi sentenziose: «Il mio stile è quello di far scaldare l'acqua nella teiera con un fuoco basso e incessante, aggiungendo acqua fredda in modo da evitare che vada in ebollizione».[3]

Inizia ad attirare su di sé le attenzioni dei vertici politici nazionali. In diverse occasioni, infatti, prende provvedimenti per combattere la corruzione all'interno del partito. Per i dirigenti di Pechino Xi Jinping riunisce in un'unica figura le doti di leader aperto alle riforme del mercato e di paladino della trasparenza e della correttezza negli affari. Ben presto si guadagna la fama di «Mister Clean».

Nel 2007, dopo l'esplosione di uno scandalo di corruzione che riguarda la *Shanghai clique*, legata all'ex presidente della Repubblica Jiang Zemin, viene scelto per fare pulizia nel ruolo di segretario del partito della città al posto di Chen Liangyu, espulso e incarcerato per avere fatto spari-

[3] Evan Osnos, *Born red*, «The New Yorker», 30.3.2015, https://www.newyorker.com/magazine/2015/04/06/born-red

re dieci miliardi di *renminbi*[4] da un fondo pensione. Jiang Zemin ritiene Xi Jinping affidabile e in qualche modo garante di una forma di protezione della sua fazione da quella dell'allora presidente della Repubblica Hu Jintao, che ha preso di mira l'ex capo del partito di Shanghai proprio per indebolire la corrente politica rivale.

Grazie alla sua fama di incorruttibile, Xi Jinping risulta essere il candidato ideale quando sette mesi più tardi gli alti funzionari del partito devono stilare una lista di nomi papabili per la futura successione al potere. Nell'ottobre di quello stesso anno, Xi Jinping viene promosso a sorpresa – erano in lizza candidati in apparenza più quotati di lui – membro della Commissione permanente del partito, la cerchia ristretta di uomini politici di livello nazionale che in Cina detengono il vero potere decisionale, e si trasferisce a Pechino. È una delle figure più potenti del paese, e il 15 marzo 2008 viene nominato vicepresidente della Repubblica popolare. Ormai è sempre più chiaro che sarà lui il successore del presidente uscente.

All'interno del partito è inizialmente indicato fra le personalità vicine alla corrente di Jiang Zemin, mentre il suo concorrente diretto Li Keqiang, che poi diventerà premier, viene considerato vicino alla Lega giovanile di Hu Jintao. Una volta al potere, tuttavia, Xi Jinping non impiegherà molto tempo per rompere gli schemi, tagliare questi legami e, come vedremo, creare un gruppo di suoi fedelissimi.

L'«affaire» Bo Xilai

Nel 2012, pochi mesi prima del debutto come segretario generale del Partito comunista, Xi Jinping si trova a

[4] Il *renminbi* (人民币, pron. *rénmínbì*, abbreviato in RMB), detto anche *yuan* (元, pron. *yuán*), è la valuta della Repubblica popolare cinese.

dover affrontare ancora un ostacolo clamoroso: una delle più cruente battaglie interne al partito dai tempi di Mao Zedong.

«L'ostacolo da eliminare», in questo caso, si chiama Bo Xilai ed è il presidente della municipalità della città di Chongqing, una delle aree metropolitane più popolate del pianeta (trentadue milioni di abitanti), che è diventata una sorta di modello per il paese grazie alla sua vertiginosa crescita economica.

Come Xi Jinping, anche Bo Xilai è un principino rosso. Al contrario di Xi Jinping, però, Bo Xilai fa di tutto per farsi notare: elimina gli spot pubblicitari dalle televisioni locali e porta a una nuova straordinaria notorietà le canzoni rivoluzionarie. Insieme al suo braccio destro, il capo della polizia Wang Lijun, scatena una campagna contro le mafie locali che provoca migliaia di arresti e le successive condanne a morte: la cosiddetta «Campagna canta il rosso, picchia il nero», dove il «rosso» rappresenta gli ideali del tempo di Mao e il «nero» incarna la criminalità.

Bo Xilai, inoltre, grazie ai prezzi bassi dei terreni e alle facilitazioni fiscali, attira a Chongqing numerose aziende straniere e in poco tempo rende la città più attrattiva per gli investimenti rispetto a Pechino e Shanghai. È un membro del Politburo, ma punta più in alto. Comincia a circolare la voce che nel congresso dell'autunno 2012 possa entrare nell'Ufficio centrale, l'organo ristretto di sette persone che costituisce il cuore del potere cinese.[5] È evidente che Bo Xilai rappresenta un problema per l'ambizioso Xi Jinping.

Nel febbraio 2012, il capo della polizia Wang Lijun, l'uo-

[5] Il Politburo, detto anche Ufficio politico del Comitato centrale, è il vertice decisionale del Partito comunista cinese. Attualmente è formato da venticinque persone che supervisionano e controllano il partito. Diversamente dai Politburo degli altri partiti comunisti, all'interno di quello cinese il potere è concentrato nel Comitato permanente, oggi composto da sette membri: il presidente, il premier e altri cinque.

mo che ha aiutato Bo Xilai a portare avanti la mastodontica campagna contro la mafia a Chongqing, viene destituito dall'incarico. È il primo sintomo di un rapporto logoro tra Bo Xilai e il suo ex braccio destro. Wang Lijun si rifugia nel consolato americano di Chengdu e accusa Bo Xilai e sua moglie di appropriazione indebita e dell'omicidio di Neil Heywood, un uomo d'affari inglese ritrovato cadavere in una stanza del Lucky Holiday Hotel di Chongqing.

A marzo dello stesso anno Bo Xilai si trova a Pechino per partecipare alle *liang hui*, le cosiddette «due sessioni», quanto di più vicino ai nostri lavori parlamentari esista in Cina. Tiene un profilo basso e, alla conclusione delle sedute, incassa un clamoroso giudizio negativo dall'allora primo ministro Wen Jiabao. Durante il suo discorso, il premier sottolinea che certi casi interni al partito non sono stati gestiti correttamente, con un chiaro riferimento all'affaire Wang Lijun, e che certe aberrazioni come la Rivoluzione culturale, evidente allusione alla spregiudicata campagna contro la mafia di Bo Xilai, non devono ripresentarsi mai più in Cina.

È una campana a morto: Bo Xilai viene rimosso dal suo incarico.

Un mese dopo, lui e sua moglie Gu Kailai sono dichiarati sotto indagine per la morte dell'uomo d'affari inglese. Pochi mesi dopo, Gu Kailai viene processata e condannata alla pena di morte, poi sospesa. Le prove sono schiaccianti e le fornisce proprio l'ex capo della polizia ed ex braccio destro di Bo Xilai, Wang Lijun.

È in questo momento che Xi Jinping dimostra di che pasta è fatto. Nel settembre 2012, un mese dopo l'inizio del processo a Bo Xilai e a sua moglie, sparisce completamente dalla scena e non si fa vedere in pubblico per tre settimane. Saltano gli incontri col segretario di Stato americano Hillary Clinton e col primo ministro danese. Non si presenta nemmeno a un'importante riunione della Commissione militare centrale. Il mistero suscita varie speculazioni, si dice che si sia infortunato facendo sport, alcuni lo danno addirittura vittima di un attentato.

Ricompare dopo tre settimane. L'ipotesi più accreditata è che Xi Jinping abbia messo in atto una sorta di «sciopero» e abbia voluto mandare un messaggio alla guida collegiale del partito, come a dire: adesso, o facciamo come dico io o salta tutto. Ottenute le necessarie garanzie, torna a farsi vedere in pubblico.

Questa circostanza ha due conseguenze: dopo la sua ricomparsa viene scelto il 15 novembre come data del XVIII Congresso del Partito comunista cinese – quello in cui Xi Jinping otterrà la carica di segretario generale e di capo della Commissione militare centrale – ed è sancita l'espulsione dal partito di Bo Xilai. Il freddo comunicato del partito segnala reati di abuso di potere, corruzione e altri crimini e aggiunge che Bo Xilai, sessantatré anni, ha «avuto e mantenuto relazioni sessuali improprie con diverse donne». Bo Xilai è finito, può dire addio alla sua poltrona nel Politburo: pochi mesi dopo la nomina di Xi Jinping a presidente della Repubblica popolare cinese, viene condannato a morte, pena in seguito sospesa e commutata in ergastolo.

Il pensiero di Xi Jinping

Nei primi mesi del 2019 in Cina ne parlano tutti. Si chiama 学习强国 (*Xuéxí Qiángguó*): si può tradurre sia «studiare per rendere grande il paese», sia «studiare Xi (Jinping) per rendere grande il paese» (i primi due caratteri insieme significano «studiare», ma il secondo è lo stesso «xi» del cognome del presidente). Stiamo parlando dell'app per cellulare più scaricata del momento in Cina. Sviluppata dal gigante dell'e-commerce Alibaba, è distribuita dal dipartimento di Propaganda. Sugli *store* digitali italiani non si trova, è necessario effettuare il login su quelli cinesi.

La scarico. Il layout è molto classico: caratteri fittissimi, qualche fotografia e molto, molto rosso. Al suo interno è possibile guardare la televisione di Stato e leggere i principali quotidiani nazionali. C'è un sistema di messaggistica stile Snapchat (scrivi e dopo un po' di tempo il messaggio sparisce) che permette agli utenti di conversare e un tasto per videotelefonare agli amici direttamente dall'app. Soprattutto, in alto presenta diverse sezioni: «notizie», «video», «storia del partito», «personaggi», «mappe» eccetera. Esiste anche uno spazio intitolato «il nuovo pensiero», ed è immediatamente chiaro che si sottintende «di Xi Jinping».

È soprattutto questo il motivo per cui, nel Celeste Impero, Xuéxí Qiángguó è stata scaricata più di settanta milioni di volte dallo *store* digitale di Huawei, in pochissimo tempo. Il Partito comunista l'ha lanciata e ha consigliato di scaricarla come parte di una nuova campagna che invita i suoi membri (circa novanta milioni), soprattutto i più giovani, a immergersi ogni giorno nella dottrina politica del presidente. Nell'app sono riportate le sue attività giornaliere, è suggerito l'ascolto di canzoni patriottiche e ogni mattina è proposta una citazione notevole, ovviamente del presidente.

Il «dovere» di chi installa questo strumento digitale è quello di accumulare punti fedeltà. Per farlo ci sono diversi metodi. Il più bizzarro, almeno ai miei occhi, consiste in una sorta di quiz con cui verificare le proprie conoscenze della filosofia politica di Xi Jinping. Mi metto alla prova, ma fallisco miseramente alla prima domanda: «Cosa ha dichiarato Xi Jinping a proposito dell'innovazione?». Non conosco le parole precise usate nei suoi discorsi, quindi sbaglio al primo tentativo. Morale: a parte i punti acquisiti per il solo fatto di usare l'applicazione, rimango al palo senza fare progressi. Scopro invece che numerosi utenti cercano di trascorrere molto tempo connessi per riuscire ad accumulare più punti possibile, in modo da ottenere encomi e premi digitali e dimostrare indirettamente la loro fedeltà al presidente. Scopro inoltre che è talmente importante conquistare un buon punteggio che c'è anche chi ha imparato a barare. Sul sistema di messaggistica WeChat, per esempio, sono reperibili articoli che spiegano come accumulare punti aggirando le attività promosse dall'app.

Xuéxí Qiángguó è uno dei casi più recenti di utilizzo della tecnologia per rafforzare il controllo ideologico nel paese (basti pensare che a ottobre 2019 circa 10.000 impiegati nei media statali hanno dovuto sostenere un esame nazionale per rinnovare la tessera indicativa della professione giornalistica, preparandosi con un test caricato proprio su questa app), ma anche del tentativo di rendere attraenti e in qualche modo interattivi l'operato e il pensiero di Xi Jinping agli occhi del popolo. Intanto, secondo un report di Open Technology Fund, un progetto finanziato dal governo degli Stati Uniti per promuovere le tecnologie digitali e supportare la libertà di Internet nel mondo, l'applicazione ha permesso alle autorità di Pechino di accedere ai dati dei cellulari di oltre cento milioni di cittadini.

Esperimenti di questa natura non sono nuovi. Poco prima dell'intervento di Xi Jinping al XIX Congresso del PCC, nell'ottobre 2017, fu distribuita un'app-applausometro «per esaltare il suo discorso comodamente dal divano di casa»; negli ultimi anni, per rendere più accattivanti agli occhi dei giovani i messaggi contenuti nei discorsi densi e seriosi del leader, sono stati prodotti video rap che ne riprendevano gli slogan e addirittura un cartone animato dedicato a Karl Marx. L'adozione, anche da parte dei media ufficiali, del soprannome affettuoso *Xi dada* (zio Xi) per riferirsi a lui ha contribuito a creare un'immagine più familiare. Anche l'essersi presentato in pubblico con i capelli grigi, anziché nero corvino, è stata letta da molti analisti come una mossa per sembrare una persona comune e rimarcare la diversità dai predecessori. Per decenni, i leader cinesi hanno sfoggiato capelli perfettamente neri per apparire più giovani e dare una rappresentazione di compattezza.

Xi Jinping ha quindi dimostrato fin da subito di voler offrire un'immagine di rottura grazie a iniziative che lo mettessero in buona luce agli occhi dell'opinione pubblica. Ne aveva bisogno. Il suo, infatti, è un piano di governo molto ambizioso.

La politica di Xi Jinping

Come abbiamo visto, durante il XVIII Congresso del Partito comunista cinese del novembre 2012, Xi Jinping diventa segretario e contemporaneamente ottiene l'incarico di capo delle forze armate. Questa nomina è già un primo segnale di cambiamento: fino ad allora, la carica di capo delle forze armate è sempre rimasta ai presidenti uscenti, così da permettere loro di continuare ad avere un'influenza politica importante nei giochi interni al partito. Questa volta, però, Hu Jintao, il predecessore di Xi Jinping, si fa da parte.

Xi Jinping tiene il suo primo discorso pubblico, recitato a braccio e durato circa dieci minuti, il 29 novembre 2012 al Museo nazionale di Pechino, mentre è in corso la mostra intitolata «La strada verso la rinascita», in cinese 复兴之路 (*Fùxīng zhī lù*), che ripercorre la storia della Cina degli ultimi duecento anni: dal periodo dell'«umiliazione» subita dalle potenze straniere, fino all'indipendenza raggiunta grazie al ruolo guida del PCC. La scelta del luogo non è casuale, tra poco capiremo perché.

Xi Jinping si presenta immediatamente come un leader carismatico con un progetto molto chiaro: «Oggi tutti parlano del "Sogno cinese". Io ritengo che il più grande sogno della nazione cinese sia proprio realizzare la sua rinascita.[6]

[6] I sinologi più precisi traducono 复兴 (*fùxīng*) con il termine «rinvigorimento».

Questo sogno condensa i desideri a lungo covati da generazioni di cinesi, incarna tutti gli interessi del popolo e della nazione cinese. Il Sogno cinese è la speranza comune di ciascun figlio della Cina».

Queste poche frasi contengono già molti dei capisaldi di quello che verrà definito «il pensiero di Xi Jinping» e che sarà introdotto nella Costituzione cinese nell'ottobre 2017, durante il XIX Congresso del partito. Segnatevi mentalmente le parole Sogno cinese – in cinese 中国梦 (*Zhōngguó mèng*) – e «rinascita», perché sono i concetti che trainano tutta la politica di Xi Jinping.

Iniziamo dal Sogno cinese, che ovviamente, per assonanza, non può che richiamare alla mente quello americano. Hanno sicuramente dei tratti comuni, ma di base sono profondamente differenti. L'*American dream* è un sogno individuale dove un singolo, impegnandosi e lavorando sodo, riesce a ottenere la propria realizzazione e il proprio successo. Il Sogno cinese è un sogno collettivo, in cui il singolo si impegna e lavora per raggiungere anche il successo di tutti gli altri, ovvero del paese.

Apro una brevissima parentesi. Vorrei spiegare bene un concetto fondamentale per capire a fondo tutto quello che leggerete in questo libro. La distanza tra i due sogni è un esempio chiaro di quella che lo psicologo americano Richard Eugene Nisbett ha descritto come la principale differenza tra pensiero occidentale e orientale: il nostro modo di ragionare è individualista, analitico, «lineare» e attento alla classificazione, mentre quello cinese è «circolare» e olistico, più legato al contesto e più attento alla concatenazione. L'idea di isolare analiticamente una frazione di realtà, anche nella vita di tutti i giorni, per un orientale non solo è assurda, ma è anche piuttosto complicata. È infatti abituato a pensare a qualsiasi individuo e a se stesso sempre in relazione con il contesto.

Per comprendere meglio la diversità di approccio, può

essere utile confrontare la nostra visione della salute fisica con quella orientale. La medicina occidentale divide, seziona e analizza le diverse parti dell'organismo (per le quali ci sono il neurologo, il cardiologo, il ginecologo e così via); la medicina tradizionale cinese si basa sulla relazione di una parte del corpo con l'altra e sull'equilibrio di questa all'interno dell'intero sistema (basta pensare a come funzionano la riflessologia o l'agopuntura).

Realizzare il Sogno cinese è la bandiera di Xi Jinping ed è un progetto politico che ha un amplissimo orizzonte temporale. Noi occidentali, e noi italiani in particolare, non siamo abituati a osservare la politica muoversi secondo una visione di lungo periodo, ma se esistono due tratti caratterizzanti dell'azione dei leader cinesi, sono proprio la lungimiranza e la capacità di programmare.

Il Sogno cinese prevede due scadenze importanti, note con l'espressione «i due cento»: centrare l'obiettivo interno di una società «moderatamente prospera» entro il 2021, centenario della fondazione del Partito comunista cinese, e raggiungere il traguardo esterno di rendere la Cina una nazione «pienamente sviluppata», completando il processo di rinascita che la porterà a rivestire nuovamente una posizione di primato nel mondo. Un posto che le spetta: «Cina» in cinese si dice infatti 中国 (*Zhōngguó*), che letteralmente significa «paese del centro».

Questo secondo target dovrà essere raggiunto entro il 2049, il secondo centenario, quello della fondazione della Repubblica popolare cinese. A questo proposito, rimane istruttivo il profetico discorso che Xi Jinping pronuncia a Parigi nel 2014, durante un viaggio in Europa. Prendendo in prestito le parole di Napoleone, dichiara: «Napoleone ha detto che la Cina è come un leone dormiente che, quando si sveglierà, farà tremare tutti. Ma come potete vedere, oggi è come un leone forte, ma gentile e pacifico. Nessuno deve preoccuparsi. Il Sogno cinese è un sogno di benessere, non è una minaccia».

Gli analisti cinesi e occidentali concordano sull'idea che l'arrivo al potere di Xi Jinping abbia rappresentato una svolta nella storia della Repubblica popolare cinese: l'obiettivo primario di Mao Zedong era stato dare un assetto politico (soprattutto interno) alla Cina «rinata dopo il secolo delle umiliazioni»; quello di Deng Xiaoping era stato liberare dalla povertà centinaia di milioni di cinesi e nel contempo dare stabilità al paese inserendolo con gradualità e prudenza confuciana nel capitalismo internazionale; l'obiettivo primario di Xi Jinping non è di natura esclusivamente politica, come quello di Mao Zedong, né economica, come quello di Deng Xiaoping, ma abbraccia una visione geopolitica.

Xi Jinping sa che avere dietro di sé un partito forte è essenziale per ottenere la stabilità necessaria al raggiungimento dei suoi obiettivi. Il motivo è molto semplice e ha radici lontane. Alla fine degli anni Settanta, Deng Xiaoping aveva lanciato il famoso slogan «arricchirsi è glorioso» e contemporaneamente aveva stipulato una sorta di contratto sociale non scritto con la popolazione: voi cittadini siete autorizzati a raggiungere il benessere economico, a condizione di rinunciare a certe libertà e di non occuparvi di alcune tematiche che vengono gestite direttamente dal partito.

In seguito alle proteste e al massacro di Tienanmen nel 1989, quel patto viene rinnovato, ma dopo un decennio comincia a scricchiolare: la crisi economica globale del 2008, il conseguente rallentamento dell'economia cinese e la corruzione dilagante tra i funzionari causano disaffezione e un calo di legittimità del partito. Xi Jinping è consapevole che senza partito lui non può nulla: è necessario quindi restituirgli un'immagine affidabile. Il sinologo inglese Kerry Brown, riferendosi al legame di Xi Jinping con il PCC, ha utilizzato questa metafora, a mio avviso molto efficace: «Xi Jinping è l'amministratore delegato di un'azienda in crisi d'identità che ha bisogno di rilanciare il suo brand e sviluppare una nuova ragione sociale».

Xi Jinping, infatti, non perde tempo e, appena diventato presidente della Repubblica, nel marzo 2013, lancia la «campagna contro le tigri e le mosche». A coordinarla Wang Qishan, suo stretto alleato. Il leader l'ha scelto per guidare la Commissione centrale per l'ispezione della disciplina quando è diventato segretario, nominandolo comandante in capo nella guerra alla corruzione dentro al partito. Di fatto, Wang è il secondo uomo più potente del paese.

Negli anni questa mastodontica operazione anticorruzione ha colpito più di un milione di burocrati e funzionari e ha portato al presidente grandissima popolarità in patria. Le «tigri» non sono altro che i funzionari corrotti di alto grado; le «mosche», invece, sono i funzionari semplici, ugualmente corrotti ma di basso livello. «Frugalità» diventa la parola d'ordine e «Quattro piatti, una zuppa» uno dei motti dell'operazione del governo per frenare le cene e gli acquisti smodati dei funzionari. Nel 2017, per celebrare il quinto anno di campagna anticorruzione, la Hunan Tv ha trasmesso la serie televisiva «人民的名义» (*Rénmín de míngyì*, Nel nome del popolo), definita da molti la «House of cards» cinese. Racconta la caccia a una serie di funzionari corrotti da parte dell'investigatore cinese Hou Liangping. Un plot impensabile fino a prima dell'ascesa di Xi Jinping, perché il tema della corruzione nel partito era considerato un grande tabù. Quell'anno, invece, «Nel nome del popolo» viene addirittura inserita nella lista delle serie raccomandate al grande pubblico per accogliere l'apertura dei lavori del XIX Congresso del Partito comunista cinese.

Oggi in molti sono convinti che questa campagna sia servita a Xi Jinping per liberarsi dei suoi nemici. La conferma starebbe nel fatto che molti funzionari presi di mira fanno parte delle fazioni riconducibili agli ex presidenti Jiang Zemin e Hu Jintao, mentre non è stato colpito chi fa parte dell'élite dei «principini rossi» e chi opera nelle province in cui il presidente ha costruito la sua carriera.

Il leader cinese non è il primo a adoperarsi nella lotta alla corruzione, ma di certo è il primo a portarla avanti in maniera così efficace e aggressiva: nel 2018 la prigione Qincheng di Pechino, dove sono state incarcerate molte «tigri», era talmente sovraffollata da dover sospendere le visite dei parenti durante le festività del Capodanno cinese per mancanza di spazio.

La campagna anticorruzione, quindi, è la prima di una serie di iniziative forti messe in campo da Xi Jinping per dare al PCC e alla Cina una visione nazionale capace di sostituire il contratto sociale che si sta indebolendo. Fondamentale per questo processo è la promozione di un forte nazionalismo, basato sul recupero dell'idea del paese come un grande impero con un passato glorioso, caratterizzato da una cultura e da una civiltà millenarie, in contrapposizione ai valori occidentali.

Lo slogan che sostiene un patriottismo basato sul ricordo delle ingiustizie di cui si è stati vittime e in cui sopravvive una richiesta di risarcimento è 勿忘国耻 (*Wù wàng guóchǐ*), ovvero «Mai dimenticare l'umiliazione nazionale». Xi Jinping spinge per un rafforzamento del controllo sui media, sul web e sugli ambienti accademici e persegue la reideologizzazione delle università, portando avanti il recupero del confucianesimo, introdotto già dai suoi predecessori, come filosofia di legittimazione. La politica, secondo Confucio, è infatti lo strumento che regola il giusto ordine, in cui ognuno ricopre il ruolo che gli spetta secondo una rigida gerarchia: «il signore comanda, il ministro amministra, il padre fa il padre e il figlio fa il figlio». L'obiettivo è «l'armonia in famiglia, la stabilità nel regno e la pace nel mondo».

Soprattutto, Xi Jinping porta avanti un'opera di centralizzazione del potere che non si vedeva da molto tempo.

La revisione della Costituzione

È il 18 ottobre 2017. I 2336 delegati, in rappresentanza dei 90 milioni di iscritti al Partito comunista cinese, provenienti da tutta la Cina si raccolgono in piazza Tienanmen. Quelli che fanno parte delle minoranze etniche indossano curiosi copricapi e sono fasciati nei loro variopinti costumi tradizionali. Sorridono alle telecamere e alle macchine fotografiche prima di entrare nel monumentale edificio sul lato occidentale della piazza: la Grande Sala del Popolo. C'è fermento, stanno per cominciare i lavori del XIX Congresso del Partito comunista cinese.

Si tratta di una riunione che si tiene ogni cinque anni e ha due funzioni fondamentali: la definizione delle linee guida per lo sviluppo del paese nel corso del quinquennio successivo e la nomina delle figure che lo dirigeranno, realizzando nella pratica le politiche stabilite dai lavori congressuali.[7] Alcuni osservatori, semplificando molto, paragonano questo momento della vita politica cinese al conclave in Vaticano per eleggere il papa e, in effetti, la ritualità e la segretezza di alcuni passaggi rendono l'accostamento meno azzardato di quel che potrebbe sembrare.

Quel 18 ottobre i media cinesi e internazionali hanno gli occhi puntati verso il palco da cui parlerà il segretario del partito e presidente della Repubblica Xi Jinping, perché questo congresso, in maniera particolare, si rivelerà un vero e proprio appuntamento con la storia.

L'enorme auditorium della Grande Sala del Popolo – 90.000 metri quadrati, 3693 posti in platea, 3515 in balconata, 2518 in galleria, 500 sul palco – è avvolto da un surreale silenzio. I 2336 delegati sono seduti. Tra i banconi

[7] Si tratta del segretario e dei sette membri del Comitato permanente del Politburo del Comitato centrale del Partito comunista cinese, costituito da 204 persone.

passano delle aggraziate cameriere che servono tè caldo da eleganti thermos decorati con motivi floreali. La stella rossa gigante che troneggia sul soffitto è illuminata a festa e sembra osservare dall'alto che tutto sia in ordine. I fotografi sono alle prese con gli ultimi preparativi.

All'improvviso si diffonde nell'aria una musica marziale, nemmeno troppo solenne. Parte piano, ma man mano il volume prende coraggio. I delegati si alzano e cominciano ad applaudire seguendo il ritmo. Ecco che dal lato sinistro del palco appare Xi Jinping. Subito dopo di lui Jiang Zemin, Hu Jintao (gli ultimi due ex presidenti della repubblica) e Li Keqiang (il premier). Prendono posto dietro l'enorme tavolo che fronteggia il salone. Xi Jinping si guarda attorno con la sua classica espressione, impassibile e sorniona. Appena la musica si ferma, l'applauso ritmato diventa uno scrosciante battito di mani. Cala il silenzio, Li Keqiang annuncia con tono enfatico l'apertura del XIX Congresso del partito. Riesplode l'applauso della sala. I delegati scattano di nuovo in piedi mentre la banda dell'Esercito popolare di liberazione intona *La marcia dei volontari*:

Alzatevi! Gente che non vuole essere schiava!
Con la nostra carne e il nostro sangue costruiamo
[la nostra nuova Grande Muraglia!
Per il popolo della Cina giunge il momento più pericoloso.
Tutto il popolo costretto a levare l'ultimo grido:
Alzatevi! Alzatevi! Alzatevi!
Mille corpi con un cuore.
Contro i cannoni nemici: avanti!
Contro i cannoni nemici: avanti!
Avanti! Avanti! Avanti!

È l'inno nazionale cinese. Cantano tutti. Il premier Li Keqiang chiede quindi che venga effettuato un minuto di raccoglimento per i «martiri del popolo» e di nuovo l'enorme auditorium sembra svuotarsi. Si sente solo un rumore: lo sfarfallio dei flash delle macchine fotografiche. Poi, tocca a lui. Xi Jinping si alza in piedi e, con la sua camminata decisa ma rilassata, percorre l'intera lunghezza del tavolo. Lo oltrepassa, avvicinandosi ai delegati, fa un inchino verso di loro, si gira e rende omaggio con un cenno del capo a chi rimarrà alle sue spalle durante il discorso. Prende posto dietro al palchetto in legno scuro installato al centro dell'immenso palco e comincia a parlare. Il discorso inaugurale del presidente si intitola «Assicurare una vittoria decisiva nella costruzione di una società moderatamente prospera sotto tutti gli aspetti e lottare per il grande successo del socialismo con caratteristiche cinesi per una nuova era». Non proprio un modello di sintesi, ma in fondo serve a inquadrare un intervento della durata di tre ore e mezzo.

Xi Jinping rimarca con forza come la Cina si trovi in una nuova era, caratterizzata in economia dal *new normal*, una fase in cui è necessario far fronte al rallentamento della crescita del Pil e quindi raccogliere la sfida di grandi cambiamenti strutturali, in modo da rendere il paese una moderna nazione socialista. Il tutto entro il 2049 (il richiamo è ai «due cento»).

Secondo Xi Jinping, si tratta di costruire una società moderatamente prospera. La strada da percorrere è fatta di politiche interne miranti ad allargare l'uguaglianza sociale, attraverso un ampliamento del benessere di tutta la popolazione. Per ottenere questo risultato, secondo il leader cinese, è necessario migliorare le condizioni del mondo rurale, perché è nelle campagne che sopravvivono ancora fette di società lasciate indietro dallo straordinario sviluppo degli ultimi anni.

Cita il termine «partito» 331 volte, per evidenziare l'importanza e il ruolo della struttura portante del paese. Sottolinea con forza che la lotta alla corruzione dovrà proseguire. Usa la parola «Cina» 186 volte, ribadendo come il concetto di «patria», e quindi il nazionalismo, sia fondamentale per il raggiungimento del Sogno cinese, al centro del quale si pongono l'operosità, l'orgoglio e la forza di un intero popolo.

Nonostante nel corso del suo primo quinquennio da comandante in capo della Commissione militare abbia rafforzato la marina e riorganizzato le forze armate, epurando alcuni generali e ampliando i poteri dei corpi speciali, Xi Jinping sottolinea la necessità di continuare l'opera di modernizzazione delle forze armate, per colmare il divario con quelle statunitensi, per difendere le aree contese su cui la Cina rivendica la sua sovranità e per le quali vive situazioni di frizione con altri paesi (Hong Kong, Taiwan, il Mar Cinese Meridionale e il Mar Cinese Orientale), per supportare la declinazione estera del suo orizzonte più ambizioso, ovvero il progetto della Nuova via della seta, attraverso il controllo militare degli «snodi» più strategici che sorgono in aree del pianeta politicamente fragili e instabili.

Il XIX Congresso dura una settimana, durante la quale vengono prese decisioni epocali, alcune di tali decisioni saranno poi confermate durante le «due sessioni» parlamentari del marzo 2018. Se esisteva ancora qualche dubbio, ormai è chiaro che Xi Jinping vuole rompere definitivamente con la formula della leadership collettiva del partito, adottata soprattutto dal suo predecessore Hu Jintao. Già nell'autunno del 2016 il presidente aveva ottenuto il ruolo di 核心 (*héxīn*, cuore) del partito, una mossa che aveva segnalato l'accentramento del potere nelle mani di un uomo solo al comando, ma è proprio con il XIX Congresso che Xi Jinping fa convergere su di sé più cariche di quante ne avesse rivestite Mao Zedong e diventa l'uomo più potente dalla nascita della Repubblica popolare cinese.

Il suo «pensiero sul socialismo con caratteristiche cinesi per una nuova era» entra nella Costituzione. Prima di allora, solo il pensiero di Mao Zedong era stato inserito nella carta costituzionale, e con Deng Xiaoping ci si era fermati alle sue teorie. Xi Jinping, quindi, si colloca alla pari con Mao Zedong e un gradino sopra a Deng Xiaoping.

Anche la necessità di ridare centralità al partito, fondamentale nell'ideologia di Xi Jinping, viene messa nero su bianco nella Costituzione. Nel primo articolo, dopo la frase «Il sistema socialista è il sistema fondamentale della Repubblica popolare cinese», viene inserito il passaggio «l'elemento distintivo del socialismo dalle caratteristiche cinesi è la guida del Partito comunista cinese».

Ben cinque dei sette membri del Comitato permanente, ovvero i vertici della leadership del Partito comunista, coloro che davvero hanno in mano le leve del potere, vengono sostituiti (rimangono in carica solo Xi Jinping e il premier Li Keqiang). Tra i cinque membri neoeletti, tuttavia, nessuno è abbastanza giovane da poter aspirare a essere nominato segretario generale e a restare in carica per i due mandati nell'arco temporale 2022-2032. I membri del Comitato permanente, infatti, raggiunti i sessantotto anni di età, sono costretti a dimettersi. Diventa chiaro che Xi Jinping punta a rimanere in carica almeno per un terzo mandato, fino al 2027. E infatti la conferma non tarda ad arrivare: a marzo 2018 l'Assemblea nazionale del popolo, ovvero il parlamento cinese, approva quasi all'unanimità la rimozione dalla Costituzione del limite dei due mandati presidenziali, spianando la strada a quello che diventa a tutti gli effetti un incarico a vita.

I voti favorevoli sono 2958, due i contrari e tre gli astenuti. La regola del doppio mandato era stata inserita da Deng Xiaoping per evitare il ritorno a un regime dittatoriale come quello di Mao Zedong, durato dal 1949 al 1976. Tra i cinque membri non confermati nel Comitato permanente, per sopraggiunti limiti d'età, c'è Wang Qishan, colui che fino a quel momento ha condotto la campagna anticorruzione. Wang Qishan, tuttavia, viene nominato vicepresidente della Repubblica: Xi Jinping dimostra di tenersi strettissimi gli alleati più fedeli.

L'Assemblea nazionale del popolo è anche l'occasione in cui viene lanciato un piano di riorganizzazione del Consiglio di Stato[8] per snellire la burocrazia, evitare la sovrapposizione di competenze nel governo e allo stesso tempo rafforzare il ruolo del Partito comunista cinese nella gestione degli affari statali. Un alto funzionario del Politburo chiarisce in un articolo sul «Global Times», l'organo in lingua inglese del PCC, quale sia il faro di questa riforma. Lo fa citando Mao Zedong: «Il partito e il governo, i militari, i civili e la cultura, il Nord, il Sud, l'Est, l'Ovest e il Centro: tutto è sotto la guida del partito».

La campagna anticorruzione viene inoltre centralizzata e «istituzionalizzata» con la creazione della Commissione di supervisione nazionale, un organo dello stesso livello del Consiglio di Stato che ha lo scopo di inserire in un quadro normativo i metodi innovativi, talora poco ortodossi, usati nella campagna anticorruzione, allargando nel contempo il loro raggio d'azione. La Commissione si colloca al di sopra della magistratura ordinaria. Oltre ai funzionari di partito, adesso, il regime di detenzione può colpire tutti i lavoratori del settore pubblico, qualora vengano colti a ricevere o pagare mazzette: imprenditori, avvocati, manager di strutture statali, dirigenti scolastici e di strutture ospedaliere, giudici, burocrati di ogni grado anche a livello locale. «L'inadempienza ai doveri» entra a far parte dei comportamenti passibili di azione penale. La Commissione diventa a tutti gli effetti un'istituzione strategica, una vera e propria forza di «controllo ideologico» e di «fedeltà» ai dettami di Xi Jinping.

Il XIX Congresso del PCC e l'Assemblea del popolo del

[8] Il Consiglio di Stato è l'organismo amministrativo supremo dello Stato. È incaricato di applicare le leggi e le decisioni approvate dall'Assemblea nazionale del popolo e dal suo Comitato permanente.

marzo 2018, quindi, consacrano definitivamente Xi Jinping «presidente di tutto». Appare evidente come, nei primi cinque anni al potere, molti dei suoi sforzi siano stati spesi per rompere gli equilibri tra le fazioni interne al Partito comunista ed esercitare su di esso un controllo totalizzante. Un'ambiziosa operazione di accentramento del potere possibile soltanto circondandosi di uomini fedeli e risoluti.

Alcuni, anche in Cina, cominciano a parlare di «nuovo Mao». In effetti, le caratteristiche simili non mancano.

Come Mao Zedong, Xi Jinping ha lavorato per diventare «un uomo solo al comando»: è presidente della Repubblica, segretario generale del partito, comandante in capo della Commissione militare, presidente della Commissione per la sicurezza nazionale, capo del Gruppo centrale per le riforme, capo del team economico, *héxīn* (cuore) del partito.

Come Mao Zedong, ha reso più severi i controlli sui mezzi di informazione, oggi estesi a Internet, e ha operato una stretta sugli ambienti artistici e accademici.

Come Mao Zedong, ha costruito una narrazione pubblica attorno al suo personaggio, proponendo un'immagine di «presidente vicino al popolo» e dando vita a un vero e proprio culto della personalità.

Come Mao Zedong, ha pubblicato libri tradotti e diffusi in tutto il mondo. In Italia, il suo «libretto rosso» è in realtà un tomo piuttosto voluminoso. Si intitola *Governare la Cina*[9] e contiene i discorsi pronunciati nel corso dei suoi primi due anni al governo. L'impaginazione del volume e il suo formato sono tutt'altro che accattivanti per il nostro gusto di occidentali. Sulla copertina color panna compare, in un piccolo ovale, il volto semisorridente di Xi Jinping. Ricorda quasi un'immagine funebre: nulla si è voluto fare per ammiccare al pubblico italiano (o degli altri paesi in cui il libro

[9] Xi Jinping, *Governare la Cina*, trad. it., Firenze, Giunti, 2016, p. 357.

si è rapidamente diffuso) e rendere il prodotto più appetibile. Per far capire quanto la distribuzione sia stata capillare, ho acquistato la mia copia nella libreria di un centro commerciale in provincia di Udine. Si tratta chiaramente più di una dimostrazione di potere che di un reale interesse editoriale-commerciale. Nel nostro paese non ha ancora scalato le classifiche, ma nel 2018 ha guadagnato la fascetta del Premio Cesare Pavese, nella sezione «opera straniera».

Governare la Cina ha già un sequel (*Governare la Cina*, vol. 2), è stato tradotto in trenta lingue, ha venduto più di dieci milioni di copie e, a differenza del *Libretto rosso* di Mao Zedong, che veniva studiato da masse di contadini e operai, appassiona imprenditori e uomini di potere di tutto il mondo. Nel 2014, gli attivisti per i diritti umani si sono indignati perché durante la visita di un funzionario cinese nella sede di Facebook uno scatto ha immortalato *The governance of China*, l'edizione inglese del libro – con il solito Xi Jinping dentro l'ovale funereo sulla copertina panna –, appoggiato sulla scrivania di Mark Zuckerberg.

In realtà, il paragone con il Grande Timoniere è fuorviante per un motivo molto semplice: la Cina di Xi Jinping non è la Cina di Mao Zedong. Mao Zedong era al vertice di un paese povero, rurale e chiuso verso l'esterno; Xi Jinping governa una nazione ormai urbanizzata, sempre più avanzata sotto il profilo tecnologico e, soprattutto, intenzionata ad assumere un ruolo primario sullo scenario globale.

Come interpretare, quindi, l'estrema determinazione di Xi Jinping nel processo di accentramento del potere? L'agire del leader, secondo molti analisti, è dettato dal bisogno di stabilità che la Cina rivendica per poter portare a termine il grande progetto di trasformazione che ha coinvolto la sua società.

La stabilità è indispensabile per la realizzazione di tutte le promesse incluse nel Sogno cinese, dalla riduzione delle disuguaglianze fino al consolidamento della posizione internazionale del paese. La Cina di Xi Jinping, infatti, si trova davanti diverse sfide interne: deve gestire il rallentamento dell'economia (la crescita nel 2019 è stata del 6,1 per cento, il dato più basso degli ultimi ventinove anni), guidare la complicata transizione da un modello economico trainato dalle esportazioni a un orizzonte di sviluppo che prevede un fiorente mercato interno e si basa su innovazione e progresso tecnologico, affrontare il problema dell'invecchiamento demografico (complice la politica del figlio unico – cancellata tre anni fa ma ancora impattante sul calo delle nascite – la popolazione cinese sta invecchiando rapidamente),[10] portare avanti il tentativo di ristrutturare o chiudere le imprese statali inefficienti, evitare livelli di debito insostenibili e lottare contro l'inquinamento eccessivo che, nonostante i grandi passi avanti compiuti proprio dallo stesso Xi Jinping, secondo alcune stime continua a uccidere più di un milione di cinesi all'anno.[11]

Non meno impressionanti appaiono le sfide esterne. Il Dragone, infatti, fa i conti con una realtà internazionale in continua trasformazione, come dimostrano le tensioni con gli Stati Uniti, le problematiche legate a Hong Kong o alla Corea del Nord.

Xi Jinping è quindi un uomo forte che si trova in una posizione privilegiata come non capitava da tempo. Chi può metterlo in difficoltà è in fondo Xi Jinping stesso, perché domina completamente lo spazio cinese, sia simbolicamente sia nella sostanza dei fatti: l'economia, la politica, l'esercito, la propaganda dipendono da lui e dai suoi uomini. Grande

[10] Secondo le Nazioni Unite, la quota di popolazione anziana (65 anni e oltre), che nel 2010 era solo dell'8 per cento, raddoppierà al 16 per cento entro il 2030 e triplicherà al 24 per cento entro il 2050.

[11] Ernest Kao, *Air pollution is killing 1 million people and costing Chinese economy 267 billion yuan a year, research from CUHK shows*, «South China Morning Post», 2.10.2018, https://www.scmp.com/news/china/science/article/2166542/air-pollution-killing-1-million-people-and-costing-chinese

è la potenza cinese e grandi sono i rischi per chi la amministra. Il «presidente del popolo» dovrà dimostrare di saper gestire questo potere perché, se qualcosa dovesse andare storto, l'intera responsabilità ricadrà su di lui.

Tutto ciò accade mentre il leader vuole dare concretezza a un'idea di espansionismo commerciale e digitale su scala globale senza precedenti: un progetto visionario, la Nuova via della seta.

II

La Nuova via della seta

> Nascondi le tue capacità e attendi il tuo tempo.
> DENG XIAOPING

Nel 2002, quando sono sbarcata in Cina per la prima volta, sulle strade di Pechino circolavano soprattutto biciclette, vecchie auto e carretti di ogni forma e dimensione. Noi stranieri ci muovevamo in autobus – mi ricordo viaggi di due ore per fare 20 chilometri – o in taxi. Negli anni, la mobilità pechinese è molto cambiata: le auto sgarrupate sono state sostituite da ingombranti macchinoni di marchi prestigiosi, il numero dei carretti e delle biciclette è sceso drasticamente, mentre sono spuntate decine di migliaia di bici elettriche.

Pechino è grande come il Lazio e ha più di venti milioni di abitanti. Le principali arterie stradali della città si chiamano «anelli» e sono delle gigantesche circonvallazioni. Il primo anello percorre i quattro lati della maestosa piazza Tienanmen, il cuore della capitale. Ora, dentro il perimetro della città, le circonvallazioni sono diventate in tutto sette e la settima, inaugurata nel 2018, con i suoi 900 chilometri di lunghezza, è la circonvallazione più lunga del mondo: in alcuni punti dista 175 chilometri dal centro.

A parte la zona del centro storico interna al secondo anello, in cui sopravvivono molti *hutong*, gli antichi vicoli di Pechino che hanno finito per dare il nome ai quartieri tradizionali della vecchia città, il resto della metropoli è pieno di incroci giganteschi e di enormi stradoni, con tre, quattro corsie per direzione di marcia.

Spostarsi a Pechino oggi, nonostante le grandi distanze, è diventato molto comodo, soprattutto grazie alle nuovissime linee della metropolitana, passate nell'ultimo decennio da otto a ventidue, per un totale di 640 chilometri. I taxi, tuttavia, continuano a rimanere una sicurezza nei momenti di estrema fretta anche se, ora, non si fermano quasi più quando li chiami sbracciandoti dal ciglio della strada. Bisogna prenotarli, e pagarli, utilizzando Didi, un'applicazione per smartphone che ricorda Uber.

In uno dei miei ultimi soggiorni in Cina, ho avuto modo di intavolare un dialogo costruttivo, utile a conoscere il presente e a immaginare il futuro di quell'immenso paese.

Sono a Pechino, quartiere di Guomao, esterno giorno. Niente Didi, il cellulare giace scarico nella mia borsa. Rischio di arrivare in ritardo a un appuntamento. Mi lancio in mezzo alla strada, agitando il braccio come una forsennata. La fortuna mi assiste. Una Hyundai Elantra verde e gialla, il classico taxi pechinese, rallenta e si avvicina. Salgo. Mi è andata bene: l'auto è molto pulita e ordinata. L'onnipresente thermos trasparente è appoggiato accanto al freno a mano. Dalle foglioline scure puntate come piccole frecce sul fondo si capisce che è pieno di tè verde.

L'autista conosce il posto dove sono diretta, ma ordina comunque al GPS del suo telefono di indicargli il percorso. Un tempo, i tassisti andavano a memoria. La loro conoscenza delle strade di una megalopoli di tale grandezza, per giunta in continuo mutamento, era davvero impressionante. Ora, questo incredibile talento non è più sondabile, perché tutti si affidano al navigatore per evitare di incappare in polemiche con i clienti.

In un attimo io e lo *shifu*, l'autista, ci ritroviamo imbottigliati nel traffico del terzo anello. Auto, autobus, motorini, biciclette, bici elettriche, carretti vari sfrecciano alla nostra destra e alla nostra sinistra, in sprezzo a ogni regola della strada, occupando tutti gli interstizi possibili. Per fortuna, la velocità, almeno in questo tratto, è misurata. Cominciamo la conversazione con il classico canovaccio del dialogo tra passeggero occidentale che parla cinese e tassista pechinese: di dove sei? Per quanto tempo hai studiato il cinese? Sei qui per lavoro o studio? Quando entriamo un po' in confidenza, azzardo e abbozzo una conversazione sul progetto della Nuova via della seta. Lui si fa serio e mi guarda dallo specchietto retrovisore.

«Adesso ti spiego una cosa: sai perché nel mondo la lingua comune, quando si tratta di comunicare, è l'inglese? Perché nella storia a un certo punto il paese più potente è stato l'Inghilterra. Aveva molte colonie ed era molto influente, quindi tutti dovevano sapere l'inglese. Poi sono arrivati anche gli Stati Uniti. Pensa a noi due, se tu non sapessi il cinese, useremmo l'inglese. Hai nominato la Nuova via della seta. La conosci?»

«Sì, certo.»

«Ecco, quando il progetto della Nuova via della seta sarà terminato, la lingua delle comunicazioni internazionali sarà il cinese, non più l'inglese. L'*English* [si diverte a pronunciarlo in lingua] ci ha messo duecento anni per diventare così diffuso, quindi non so dirti quando succederà col mandarino, ma è chiaro che questo sarà il futuro. Adesso è la Cina a essere la nazione più potente. L'Italia è tra i paesi interessati dal percorso della Nuova via della seta: è vero o no che sempre più persone studiano il cinese? Ed è così in tutti i paesi toccati dal progetto.»

Sono arrivata a destinazione, la berlina accosta e si ferma. L'autista storce il naso: sono una dei pochi clienti rimasti a pagare in contanti. Ora si rituffera nel dedalo delle strade o forse approfitterà per appisolarsi sui sedili posteriori e riposare un po'.

Difficilmente mi scorderò di lui e della sua originale lezione di geopolitica *on the road*.

«Yīdài yīlù»: una cintura, una via

La declinazione nazionale del Sogno cinese di Xi Jinping prevede il rafforzamento del ruolo del partito tramite la campagna anticorruzione, lo sforzo di ridurre la povertà e l'inquinamento, la spinta al nazionalismo, il tentativo di trasformare un modello economico trainato dall'export in un modello che si regga il più possibile sui consumi interni, lo scatto in avanti per far diventare il paese una potenza tecnologica.

Il Sogno cinese di Xi Jinping ha anche una declinazione estera. Durante il XIX Congresso del PCC la Nuova via della seta è stata inserita tra le linee guida presenti nella carta costituzionale della Cina, insieme al pensiero di Xi Jinping. È quindi una realtà ormai imprescindibile sia per Pechino sia per il resto del mondo.

Si tratta di un progetto di investimenti e cooperazione economica lanciato da Xi Jinping, mirante a coinvolgere paesi che, messi insieme, coprono il 55 per cento del Pil mondiale, il 70 per cento della popolazione e il 75 per cento delle riserve energetiche del pianeta. Secondo le stime della Commissione nazionale per lo sviluppo e le riforme, tra il 2013 e il 2018 il volume degli scambi di beni tra la Cina e i paesi coinvolti nel progetto avrebbe superato i 6000 miliardi di dollari.

In cinese si chiama 一带一路 (*Yīdài yīlù*), che letteralmente significa «Una cintura, una via». Per convincere gli scettici e gli spaventati, il governo cinese ha dibattuto molto su quale fosse la traduzione inglese più funzionale della formula in mandarino. Inizialmente era sembrato orientato verso la traduzione letterale *One Belt, One Road* (OBOR), ma poi l'ha modificata in *Belt and Road Initiative* (BRI) perché ha ritenuto che inserire la parola «iniziativa» nell'acronimo ufficiale sottolineasse il concetto di apertura e coinvolgimento e potesse evitare che il nome risultasse ostile.

Nei paesi che si trovano lungo la Nuova via della seta Pechino stipula accordi bilaterali e finanzia una serie di progetti che hanno lo scopo di realizzare o potenziare infrastrutture commerciali (strade, ferrovie, aeroporti, porti, ponti), impianti per la produzione e la distribuzione di energia e sistemi di comunicazione. All'inizio si prevedeva la realizzazione di due corridoi economici principali, uno marittimo e uno terrestre. Quello terrestre comprendeva tre continenti e andava dall'Asia del Sudest all'Asia centrale per proseguire fino all'Europa. Quello marittimo passava dai porti di Canton, Singapore, Gibuti, Suez fino ad arrivare al nostro Mare Adriatico.

All'inizio del 2018, però, Pechino ha diffuso un libro bianco dedicato alle ambizioni cinesi sulla Via della seta polare. L'obiettivo primario, in questo caso, sono le nuove rotte marittime commerciali alternative a Suez rese possibili dallo scioglimento dei ghiacci. Il passaggio artico, infatti, è la via più breve, e sarà sempre più navigabile ed economico. La Groenlandia sta già diventando il quartier generale di Pechino nel Grande Nord: sono previsti circa 15 miliardi di euro di investimenti nell'isola in cinque anni, per costruire tre aeroporti, allestire una grande base scientifica e aprire miniere di zinco e ferro. Ormai è ufficiale: il progetto ha ampliato i suoi confini iniziali arrivando a una dimensione globale che non ha limiti geografici e si espande anche in America Latina e Africa.

Per finanziare la BRI, la Cina ha creato due istituzioni ad hoc: nel 2014 ha inaugurato il Silk Road Fund e nel 2016 l'Asian Infrastructure Investment Bank (AIIB). Il Silk Road Fund, che in Italia detiene il 5 per cento di Autostrade e ha acquisito azioni Pirelli, conta tra i suoi investitori i nomi più importanti della finanza cinese: la State Administration of Foreign Exchange, il fondo sovrano China Investment Corporation e due delle maggiori banche cinesi, la China Development Bank e l'Export-Import Bank of China.

Il nuovo fondo cinese è partito con una potenza di fuoco di 40 miliardi di dollari e, secondo quanto scrive sul suo sito, «si occupa di supportare le infrastrutture, la ricerca, la cooperazione industriale e finanziaria nei paesi coinvolti nel progetto della Nuova via della seta per assicurare la stabilità finanziaria a medio e lungo termine e ritorni ragionevoli sugli investimenti». L'Asian Infrastructure Investment Bank, creata anch'essa per sviluppare progetti di infrastrutture nella regione Asia-Pacifico – vero e proprio «braccio economico della Nuova via della seta», anche se i cinesi non amano molto questa definizione – con un capitale iniziale di 100 miliardi di dollari, conta novantasette paesi membri. L'Italia è stata tra i primi a aderire all'istituto finanziario, nel 2015.

La nascita di questi due organi ha creato non poca preoccupazione in Occidente, perché è stata interpretata come il tentativo cinese di intaccare il monopolio della Banca centrale, del Fondo monetario internazionale (a guida americana) e della Banca asiatica (a guida giapponese). Un dato interessante: sia il Silk Road Fund che la AIIB danno rilevanza ai paesi in via di sviluppo, al contrario della World Bank o delle altre istituzioni in cui gli Usa, per esempio, hanno impedito il protagonismo cinese.

L'iniziativa di Xi Jinping è sostenuta anche da alcune *policy banks*[12] cinesi: la China Development Bank, per esempio, nata nel 1994, controllata dal Consiglio di Stato e dal suo primo azionista, il ministero delle Finanze di Pechino, ha il compito di fornire strumenti finanziari a medio e lungo termine per le strategie di sviluppo economico e sociale della Cina.

Tante sono le incognite sulla strada del progetto cinese. Molti degli investimenti previsti nei paesi attraversati da alcune vie commerciali appaiono particolarmente rischiosi. Secondo alcuni funzionari cinesi, Pechino stima perdite dell'80 per cento sulla tratta pachistana, del 50 per cento su quella birmana, del 30 per cento nelle infrastrutture dell'Asia centrale.

[12] Banche di Stato demandate a dare attuazione alla politica del governo.

Non è un segreto nemmeno che tra il 2018 e il 2019 la BRI abbia registrato una netta frenata perché i paesi partner sembrano più cauti nell'accogliere i progetti cinesi e anche perché Pechino ha meno fondi a disposizione. Secondo Gavekal Dragonomics, società di servizi finanziari con sede a Hong Kong, nel 2018 il valore delle attività imbastite in sessantun paesi è diminuito del 13 per cento, nella prima fase dell'anno successivo di un ulteriore 6,7 per cento.

Il disegno della Nuova via della seta ha scopi di natura economica, finanziaria e geopolitica-difensiva, quindi militare.

In un momento in cui la Cina si trova a dover affrontare il *new normal*, ovvero una fase di crescita economica sempre più lenta, la creazione di nuove rotte mercantili serve a dare ulteriore impulso a scambi e rapporti commerciali tra le imprese cinesi, che hanno fame di nuovi mercati, e il resto del mondo, a dare sfogo al gigantesco surplus del settore manifatturiero del Dragone e a garantire l'approvvigionamento di materie prime. La Cina ha inoltre bisogno di diversificare le sue importanti riserve di moneta estera, stimate in oltre 3000 miliardi di dollari: è molto più vantaggioso finanziare progetti di infrastrutture straniere a un tasso di interesse del 5 o del 6 per cento, piuttosto che investire in bond americani.

Infine, aprire nuovi corridoi commerciali, creando infrastrutture, permette alla Cina di esercitare un controllo, anche di natura difensiva, sui nuovi «nodi» commerciali e in Asia, dove Pechino non ha molti amici, nonostante si consideri la padrona di casa. La BRI serve anche a creare un network economico capace di consolidare la sua posizione e arginare la presenza statunitense.

In treno da Yiwu a Londra

Osserviamo attentamente questa mappa e cerchiamo di giocare con l'immaginazione. Focalizziamo il nostro sguardo sulle linee che vediamo attraversare questa grande fetta di mondo, provando a metterci alla guida del treno simbolo del progetto della Nuova via della seta, che trasporta merci dalla città cinese di Yiwu fino a Londra.

Forse il nome non vi è del tutto nuovo: Yiwu è la famosa città della provincia dello Zhejiang, in cui si produ-

NUOVA VIA DELLA SETA

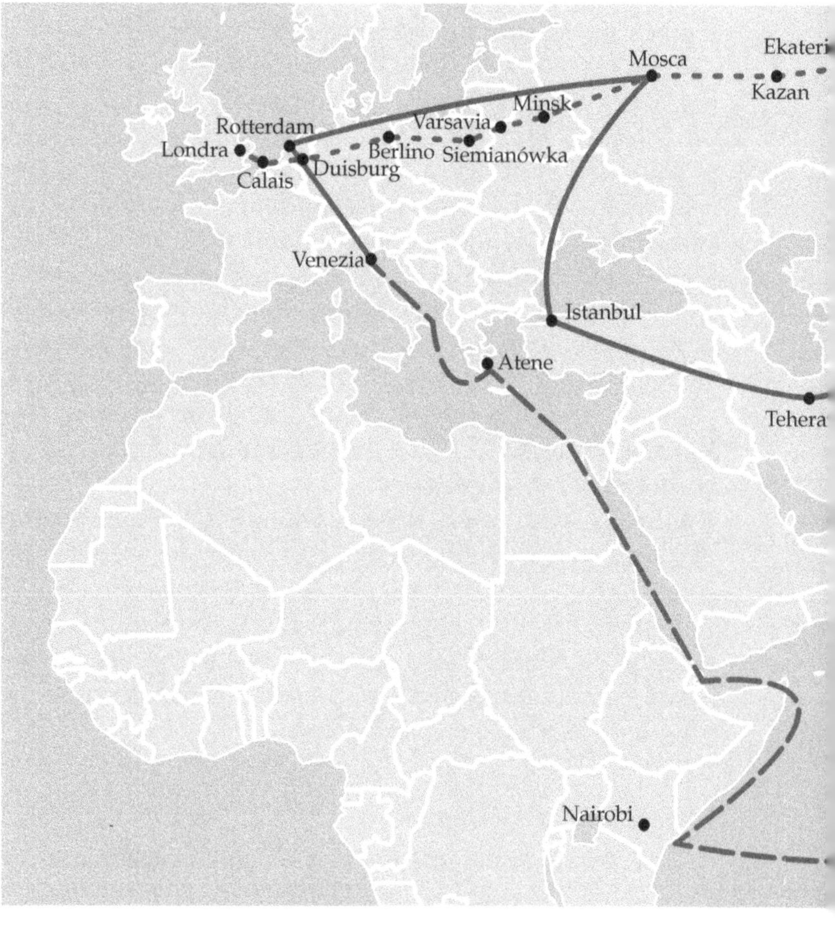

ce il 60 per cento delle decorazioni natalizie del mondo. I Babbi Natale che si arrampicano su tante delle nostre case ormai fin da novembre provengono tutti da lì. Si trova 300 chilometri a sudovest di Shanghai ed è il mercato più grande della terra, con i suoi sette milioni di metri quadri espositivi. È anche il luogo in cui si fabbrica e si

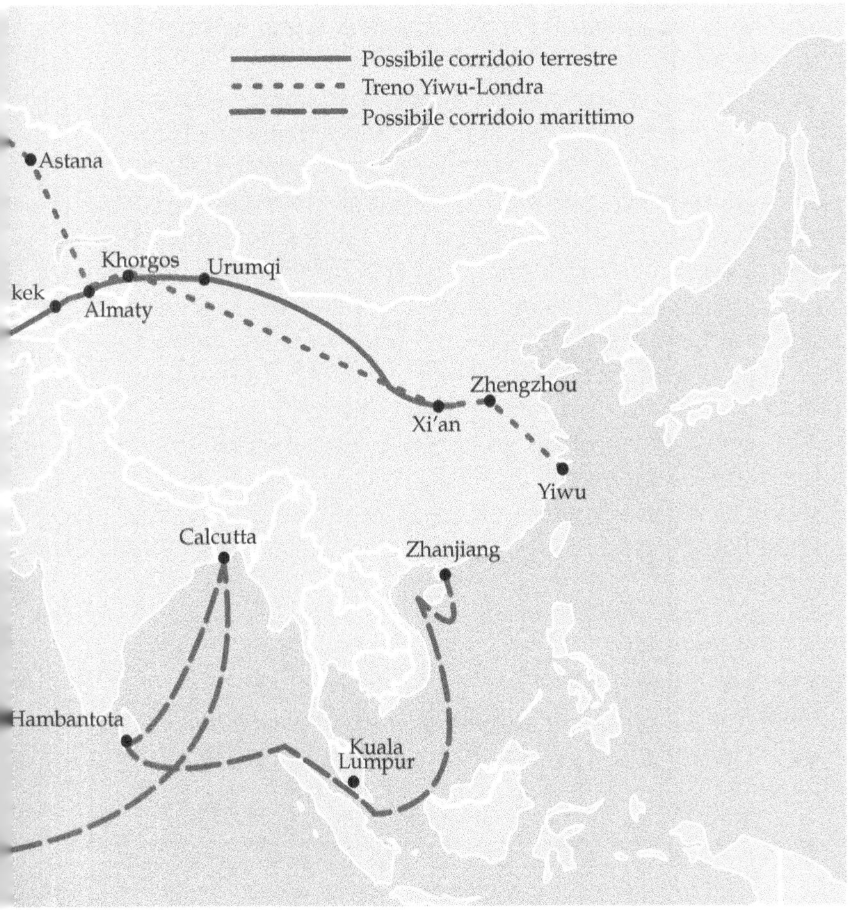

vende circa l'80 per cento dei prodotti a basso costo presenti in tutto il mondo.

Il nostro viaggio parte proprio da qui e si proietta verso nordovest, attraversando la Cina. La prima sosta obbligata è Khorgos, il «porto di terra» più grande del mondo. La località si trova tra le montagne e il deserto di Saryesik-Atyrau in Kazakistan, ed è il punto del continente eurasiatico più distante dai mari e dagli oceani, in qualunque direzione si guardi. Un ambiente decisamente inospitale: fino a qualche anno fa una delle zone più isolate e scarsamente abitate del mondo.

A partire dal 2010 Khorgos è completamente cambiata, perché la Cina ha deciso di inserirla in una zona economica speciale, esente da dazi doganali e non soggetta all'imposizione dell'IVA. In un'area desertica di circa 6 chilometri quadrati Pechino ha costruito un porto di scambio, un'autostrada che collega la Cina occidentale all'Europa e una stazione ferroviaria. Ha anche gettato le basi per la costruzione di una nuova città: Nurkent. Oggi ha poco meno di duemila abitanti, ma è destinata a ospitarne almeno trentamila quando il porto sarà in piena attività.

Lo scopo di questo hub commerciale è quello di far transitare 500.000 container all'anno. Nel 2018 ne sono già passati 350.000. La compagnia ferroviaria nazionale del Kazakistan possiede il 51 per cento del porto di Khorgos, il restante 49 per cento è suddiviso tra due società statali cinesi, la Cosco Shipping Corporation e la Jiangsu Lianyungang Port Co. In questo snodo si è costretti a fare una pausa perché bisogna trasferire i container dal treno merci cinese al treno merci russo o kazako. Il motivo? Lo scartamento dei binari: la distanza tra i due lati interni delle rotaie che viene adottata in Cina e in Europa è più stretta di 85 mm rispetto a quella dei paesi dell'ex Unione Sovietica. Si deve effettuare la manovra opposta nella città di Siemianówka, in Polonia, quando si supera il confine bielorusso.

Dopo Khorgos, per circa 2000 chilometri non si incontra nessuna grande città, a esclusione dell'antica capitale del Kazakistan, Almaty, e della moderna città di Astana,[13] il nuovo centro nevralgico del potere kazako dal 1997, per volontà dell'ex presidente Nursultan Nazarbaev. Anche qui ha senso scendere dal treno e andare a scattare una foto ricordo al Bayterek – la torre che rappresenta l'albero della vita, simbolo e biglietto da visita della capitale – perché l'università Nazarbaev di Astana è il luogo che Xi Jinping ha scelto per parlare la prima volta del progetto della Nuova via della seta.

Il tragitto procede fino a raggiungere Mosca. Giusto fermarsi anche nella capitale russa, perché è qui che nel giugno 2019 Xi Jinping ha compiuto una visita ufficiale per celebrare i settant'anni dall'avvio delle relazioni diplomatiche russo-cinesi. Xi Jinping, dopo il trentesimo incontro in sei anni, ha definito Vladimir Putin «il suo migliore amico», sottolineando come i rapporti col leader del Cremlino siano migliori rispetto a quelli con la maggior parte dei suoi altri alleati e colleghi. L'amicizia sino-russa, secondo Xi Jinping, è basata «su un alto livello di reciproca fiducia».

In effetti, le relazioni tra i due paesi attraversano uno dei periodi migliori della loro storia, anche se sembra trattarsi più di un sodalizio tattico che di una vera e propria alleanza. In quell'occasione, sono stati firmati oltre dieci accordi, per un totale di 20 miliardi di dollari, nei settori dell'energia nucleare e del gas naturale, della chimica, dell'industria automobilistica e delle telecomunicazioni. L'accordo più importante riguarda sicuramente la società cinese delle telecomunicazioni Huawei, che ha ottenuto un ruolo da

[13] Dal marzo 2019 è stata rinominata Nur-Sultan, in onore dell'ex presidente Nursultan Nazarbaev.

protagonista nello sviluppo della rete 5G russa. La Cina ha bisogno di una Russia amica perché diversi corridoi terrestri del progetto BRI diretti verso l'Europa occidentale transitano già nel territorio russo e perché ormai gli Stati Uniti hanno dimostrato di essere più che mai intenzionati a contenere la sua ascesa a potenza globale. Una cosa è certa: i progressi nel dialogo tra Russia e Cina sono direttamente proporzionali al deteriorarsi dei rapporti tra quest'ultima e Washington.

Lasciata Mosca, si attraversa la Bielorussia, fino ad arrivare alla città polacca di Siemianówka, in cui si è costretti a ritrasferirsi, insieme ai container, su vagoni pronti a percorrere binari dallo scartamento standard.

A questo punto, ecco l'Europa, l'ultimo approdo della Nuova via della seta. Il prossimo Stato da attraversare è la Germania, il più grande partner europeo della Cina. Nel 2017 l'interscambio commerciale fra i due paesi è stato di 179 miliardi di dollari, contro i 167 della Francia e i 165 degli Stati Uniti. Dopo le tappe a Berlino e a Duisburg, snodo di terra fondamentale per la BRI in Europa poiché l'80 per cento dei treni cinesi arriva qui, il convoglio, passando per la cittadina francese di Calais e varcando il canale della Manica, raggiunge infine la sua destinazione finale: Londra.

Sono trascorsi diciotto giorni dal momento della partenza da Yiwu. Sul nostro treno merci immaginario abbiamo percorso 12.000 chilometri. Se avessimo usato la nave, avremmo impiegato quaranta giorni per ottenere lo stesso risultato.

Come vi è sembrato il viaggio? Impressionante, non trovate? Quindi non vi stupirà il fatto che la Nuova via della seta venga spesso definita la «globalizzazione con caratteristiche cinesi».

La globalizzazione con caratteristiche cinesi

È il settembre 2013 quando Xi Jinping, ad Astana, evoca per la prima volta l'immagine della Belt and Road Initiative.

Parlando di una «preziosa rivelazione» lasciataci in eredità dall'antica Via della seta, inizia il suo intervento cedendo a un nostalgico lirismo autobiografico: «La mia provincia natale, lo Shaanxi, si trova proprio sul punto di partenza dell'antica Via della seta. Stando qui a rievocare la storia, mi sembra di sentire il tintinnio delle campane dei cammelli, che risuonano tra le montagne, e di vedere le colonne di fumo arricciarsi verso l'alto, fluttuando sul vasto deserto. Tutto ciò mi è estremamente caro». E prosegue citando «popoli di diversi paesi che hanno scritto insieme un capitolo traboccante di amicizia, tramandato e fatto risuonare nei secoli» e descrivendo «una storia di scambi lunga più di duemila anni che testimonia come paesi di differenti etnie, credenze e culture possano godere di una pace e uno sviluppo comuni se perseverano nella coesione e nella fiducia reciproca, nell'uguaglianza e nel mutuo beneficio, nell'inclusione e nel mutuo apprezzamento e in una cooperazione di mutuo vantaggio».[14]

È interessante notare come Xi Jinping prenda in prestito il termine evocativo *Die Seidenstrassen*, le Vie della Seta, introdotto alla fine del XIX secolo dal geografo tedesco Ferdinand von Richthofen, per descrivere le reti di scambi commerciali che collegavano la Cina della dinastia Han con il resto del mondo. Nonostante abbia scelto un'immagine conosciuta da un vasto pubblico, non cattura subito l'attenzione dei media globali.

Il mondo comincia ad accorgersi che qualcosa sta cambiando nel gennaio 2017, quando Xi Jinping partecipa – primo presidente cinese della storia a farlo – al «47° Forum eco-

[14] Xi Jinping, *Governare la Cina*, trad. it., Firenze, Giunti, 2016, p. 357.

nomico mondiale» di Davos, in Svizzera e si presenta alla comunità economica come «alfiere della globalizzazione».

«Dobbiamo dire no al protezionismo» dice Xi Jinping davanti a una platea plaudente. «Portare avanti il protezionismo è come chiudersi dentro una stanza buia. Vento e pioggia possono pure restare fuori, ma resteranno fuori anche la luce e l'aria. Nessuno uscirebbe vincitore da una guerra commerciale.» Negli stessi giorni, alla Casa Bianca si sta insediando il quarantacinquesimo presidente degli Stati Uniti Donald Trump, che ha vinto le elezioni anche grazie allo slogan *America first*.

Il messaggio viene ripetuto forte e chiaro nel maggio dello stesso anno, durante il primo «Belt and Road Forum for International Cooperation», servito proprio a dare al mondo la visione plastica del nuovo ruolo globale che Pechino intende disegnare per sé. Vi partecipano 29 capi di Stato, 1200 delegati di 110 paesi, il Fondo monetario internazionale e la Banca mondiale. Paolo Gentiloni, allora Primo ministro italiano, è l'unico leader del G7 a presenziare. Germania e Gran Bretagna inviano i ministri dell'Economia, mentre la Francia invia l'ex premier Raffarin: per tre giorni, la Cina di Xi Jinping è al centro della diplomazia e dell'economia mondiali.

Sono passati quasi quarant'anni dal famoso «arricchirsi è glorioso» di Deng Xiaoping, a cui si deve la spinta della Repubblica popolare cinese ad aprirsi verso l'esterno. Per molto tempo la Cina ha vissuto la globalizzazione in modo passivo, da «fabbrica del mondo». Ora che è consapevole di essersi conquistata un profilo vincente, ambisce a un ruolo più che mai attivo e determinante. L'avvento di Trump alla Casa Bianca e il ritorno al protezionismo dell'economia americana contribuiscono ad accelerare questo processo. BRI è lo strumento pragmatico con cui il Celeste Impero può essere per il mondo «la forza più vigorosa nella potente tendenza alla globalizzazione», come ha scritto il quotidiano governativo «Global Times». È un disegno visionario che mette la Cina al centro del mondo, sconquassa gli equilibri esistenti e aggiorna il concetto di globalizzazione, spostandone l'asse da occidente a oriente. Nel 2017 comincia a diventare chiaro a tutti come la Cina voglia offrire con forza un tentativo di programmazione e regia dell'ordine globale. Il gigante cinese, infatti, si propone come potenza responsabile e pacifica in un momento in cui gli Stati Uniti sembrano in balia di una presidenza inaffidabile e a tratti inquieta, e indica al mondo una possibile direzione da seguire.

Da subito, Pechino dimostra di sapere che una delle priorità deve essere rassicurare la comunità internazionale. Nel suo discorso introduttivo del «Forum Belt and Road Initiative» del maggio 2017, Xi Jinping sottolinea più volte come la Nuova via della seta possa diventare un mezzo per promuovere «pace e prosperità», concetto ribadito anche nello *storytelling* allestito attorno al progetto dalla propaganda cinese: «La BRI non è un assolo cinese, ma una sinfonia suonata da un'orchestra composta da tutti i paesi che vi partecipano» scrive sul suo sito il governo di Pechino.

Un'altra urgenza anima gli ideatori e artefici del piano: chiarire quanto la globalizzazione con caratteristiche cinesi sia diversa da quella a guida americana. Il Dragone sottolinea di essere rispettoso del mondo multipolare e assolutamente disinteressato a esportare il suo modello politico. Non intende assolutamente intromettersi negli affari interni dei vari paesi. Al contrario degli Stati Uniti, la Cina non propone un trattato, ma offre una piattaforma di cooperazione: chiunque sia interessato può partecipare e investire in infrastrutture e opere della Belt and Road Initiative, America di Trump compresa. Ecco perché Pechino rifiuta con forza il paragone che alcuni analisti fanno tra la BRI e il Piano Marshall, il programma politico-economico con cui gli americani hanno contribuito a risollevare le sorti dei paesi europei alleati dopo la Seconda guerra mondiale, in cambio della fedeltà a Washington.

Eppure, nonostante le rassicurazioni, gli scettici rimangono numerosi. In Cina alcuni intellettuali si sono chiesti se non fosse più utile che il governo, alla luce del rallentamento economico in corso, concentrasse le sue attenzioni sull'ulteriore sviluppo dell'industria tecnologica e sugli investimenti in territorio nazionale piuttosto che all'estero. A livello internazionale, il progetto BRI lascia aperti molti interrogativi e fa alzare parecchie sopracciglia, soprattutto agli Stati Uniti e all'Europa, a causa dei suoi aspetti fumosi: non c'è chiarezza su molti dei suoi numeri ciclopici (si veda alla voce «rischi di investimento») e si glissa sulla complessità di alcuni teatri coinvolti, in zone decisamente calde del pianeta.

CORRIDOIO ECONOMICO SINO-PAKISTANO (CPEC)

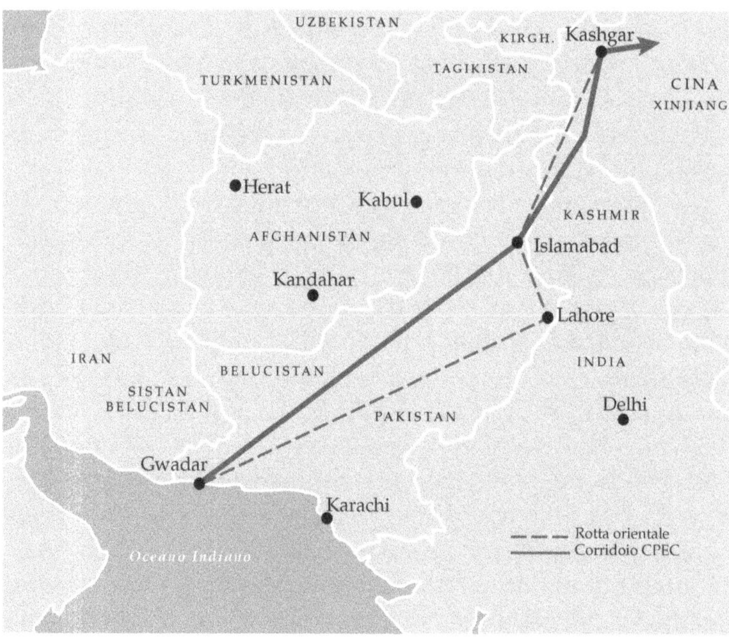

A questo proposito, è il momento di percorrere un altro tratto della BRI.

Il Corridoio economico sino-pakistano (China-Pakistan Economic Corridor o CPEC) è uno degli assi più importanti della BRI. Collega la regione autonoma cinese dello Xinjiang alla città portuale pakistana di Gwadar.

Si parte da Kashgar, città chiave delle vie carovaniere dell'antica Via della seta, che si trova appunto nella regione dello Xinjiang, diventata da alcuni anni una zona fortemente militarizzata. Qui Pechino porta avanti una campagna antiterrorismo contro fronde jihadiste della minoranza musulmana degli uiguri, che nello Xinjiang rappresenta il 46 per cento degli abitanti. Il controllo della popolazione e la creazione di centri di rieducazione definiti dal governo cinese «scuole di formazione professionale» o «scuole di addestramento contro l'estremismo», dove vengono spediti i membri della minoranza uigura, sono finiti sotto la lente della comunità internazionale.

Pechino ha sempre mantenuto un atteggiamento ambiguo nel definire le finalità di questi campi (in cui si stima sia rinchiuso un milione di musulmani di varie etnie) ed è riuscita a mitigare le critiche della comunità internazionale approfittando dell'assenza di prove ufficiali. La posizione cinese si è complicata in seguito alla pubblicazione da parte del «New York Times» di quasi duecento delle quattrocento pagine di documenti interni del Partito comunista cinese, filtrati attraverso un membro dell'establishment cinese, in cui compaiono direttive esplicite alla base dell'enorme campagna di detenzione e persecuzione dei musulmani nello Xinjiang (affronteremo il tema nel VI capitolo).

Il corridoio prosegue attraversando lo Stato montuoso di Gilgit-Baltistan all'interno della turbolenta regione del Kashmir, oggetto di dispute territoriali tra Pakistan e India.[15] In questa parte del subcontinente indiano la Cina ha firmato diversi accordi con il Pakistan, tra cui quello da 14 miliardi di dollari per costruire la diga idroelettrica di Diamer-Bhasha, un impianto da 4800 megawatt. Nel novembre 2017, però, il Pakistan ha rinunciato all'investimento cinese perché non ha ritenuto equi i termini dell'accordo con Pechino, impegnandosi a costruire comunque la diga con finanziamenti propri. Nel Gilgit-Baltistan, con l'aiuto del Dragone, è già in atto il cablaggio di 800 chilometri di fibra ottica per lo sviluppo delle comunicazioni.

Si continua poi alla volta di Islamabad, la capitale del Pakistan, e si scende fino alla città di Lahore, vicinissima al confine con l'India. Qui i cinesi stanno costruendo la prima linea di metropolitana leggera del paese. Un progetto da 1,6 miliardi di dollari che va a sommarsi agli accordi del valore di 46 miliardi di dollari tra Cina e Pakistan stipulati nell'aprile 2015 per l'installazione di cavi in fibra ottica e la costruzione di centrali elettriche, gasdotti e autostrade.

Il Corridoio economico Cina-Pakistan è strategico per Pechino, in quanto rappresenta un percorso alternativo al transito obbligato dallo stretto di Malacca e ai 12.000 chilometri di navigazione che separano i porti cinesi dai terminal petroliferi del Golfo Persico: grazie al corridoio

[15] La contesa sul Kashmir risale 1947, all'epoca della partizione del British Raj, le colonie britanniche del subcontinente indiano: da un lato l'India con la sua maggioranza induista, dall'altro il Pakistan musulmano. Il territorio del Kashmir era abitato da una popolazione a maggioranza musulmana governata da un sovrano induista. Entrambi gli Stati rivendicano il possesso dell'area su basi religiose e culturali. Nel 1965 ci fu il primo di tre conflitti fra le due nazioni. Nel 1966 si giunse, sotto l'egida dell'ONU, alla firma di una dichiarazione comune indo-pakistana che sancì la divisione del Kashmir, con i territori amministrati dall'India del Jammu e Kashmir e del Ladakh e i territori amministrati dal Pakistan dell'Azad Kashmir e del Gilgit-Baltistan. Tra i due Stati venne collocata una linea di demarcazione militare, la cosiddetta «linea di controllo». Con cadenza periodica, da allora, il conflitto del Kashmir si infiamma e le cronache registrano scontri, sconfinamenti ed episodi di terrorismo a opera di gruppi indipendentisti islamici.

sino-pakistano, le risorse saranno al sicuro perché viaggeranno in territorio cinese, e i tempi e i costi degli scambi commerciali con l'Africa e il Medio Oriente diminuiranno sensibilmente.

Si arriva infine alla meta finale: Gwadar. La città si trova nel Belucistan pakistano, una delle province più povere del Pakistan, e sorge su una lingua di sabbia lunga 12 chilometri che forma due baie quasi perfettamente semicircolari, bagnate entrambe dal Mare Arabico. La regione confina con Afghanistan e Iran. Prima di essere scelta come snodo portuale fondamentale della BRI, Gwadar era un villaggio di pescatori, circondato da spiagge. L'accordo riguardante quest'area prevede che le infrastrutture della città vengano date in concessione alla China Overseas Port Holding Company per quarantatré anni, per la creazione di una zona economica speciale che comprende moli, scali ferroviari e un aeroporto. La realizzazione del megaporto di Gwadar, le cui prime strutture sono state inaugurate nel 2017, permette quindi alla Cina di avere a disposizione un enorme polo commerciale e militare, in un passaggio chiave per i rifornimenti di petrolio che dal Medio Oriente viaggiano verso est. La sete di risorse energetiche ha reso la Cina il primo importatore di petrolio a livello mondiale, facendole superare anche gli Stati Uniti.

Il percorso cinese lungo questa tratta è molto simbolico perché il Pakistan – con la sua posizione strategica, la sua condizione economica e ambientale, la sua situazione politica turbolenta e le sue armi nucleari – in qualche modo riassume tutta una serie di criticità che la Nuova via della seta solleva anche in altre parti del mondo.

Come abbiamo visto, i cinesi sostengono che la BRI sia un progetto economico pacifico senza scopi egemonici e militari. La realtà del piano di cooperazione con il Pakistan, però, sembra contraddire questo assunto e dà sostegno alle tesi dei critici, che considerano l'enorme piano infrastrutturale uno strumento di Pechino per ampliare il suo peso specifico nel continente asiatico e non solo.

L'influenza cinese raggiunta nell'area grazie al Corridoio economico sino-pakistano non è vista di buon occhio dall'India, che ritiene la realizzazione del megaporto di Gwadar un espediente per attuare una sorta di accerchiamento via mare, parte di una più complessa strategia di contenimento che la Cina porta avanti da anni e che si fonda sulla partnership economica e militare con Bangladesh, Bhutan, Myanmar, Nepal e Sri Lanka. Anche gli Stati Uniti hanno alzato più di un sopracciglio, soprattutto quando è stato reso noto l'ampliamento di un progetto di cooperazione Pechino-Islamabad per la costruzione di jet militari e di altri armamenti cinesi e tecnologie spaziali in Pakistan. Washington teme in maniera particolare lo sviluppo del sistema di navigazione satellitare cinese Beidou, che permette la guida dal cielo per missili, navi e aerei e ha lo scopo di ridurre la dipendenza dal sistema GPS, controllato dagli Stati Uniti. In Pakistan, infatti, è in corso di attuazione un progetto pilota cinese per l'utilizzo del Beidou, da estendere successivamente anche agli altri paesi della BRI.

La presenza degli investimenti cinesi ha contribuito ad aumentare le tensioni in un territorio già molto instabile come quello del Pakistan. Per esempio, ha allargato il raggio d'azione dei ribelli indipendentisti del Balochistan Liberation Army, che rivendicano l'indipendenza della provincia del Belucistan, dove sorge Gwadar. L'ostilità del gruppo separatista verso Pechino e Islamabad è dovuta alla marginalizzazione economica e all'esclusione dai ricavi del CPEC: negli ultimi anni hanno già provocato molte vittime tra i lavoratori pakistani impiegati nei cantieri del progetto e nel novembre 2018 hanno sferrato un attacco al consolato cinese a Karachi. L'instabilità, per la Cina, non è positiva perché può danneggiare gli affari e scoraggiare i connazionali a lavorare all'estero. Per proteggere i suoi interessi nell'area,

Pechino ha quindi cominciato a ingaggiare *contractors*. Di solito si tratta di ex membri dell'Esercito popolare di liberazione o paramilitari della Polizia armata del popolo, fedeli al Partito comunista. I colossi statali dell'economia cinese preferiscono essere protetti da connazionali: custodiscono con cura i segreti di Stato, costano meno e parlano il mandarino. Il governo ha potenziato l'addestramento dell'Esercito popolare di liberazione in teatri stranieri, incrementato il numero di truppe nelle operazioni di peace-keeping (Sud Sudan) e ha aperto a Gibuti la sua prima base militare oltreconfine. Va da sé che in futuro Pechino continuerà ad aumentare la presenza militare all'estero – e quindi ad allargare la sua sfera di controllo fuori dai propri confini – per tutelare i suoi investimenti nei territori instabili come il Medio Oriente e l'Africa.

L'arrivo degli investimenti cinesi, inoltre, ha complicato una situazione già molto difficile. Il governo di Imran Khan, insediatosi nell'agosto 2018, si è trovato a dover affrontare il problema dell'altissimo debito pubblico non sostenibile, causato dagli investimenti sconsiderati dell'ex premier Nawaz Sharif proprio nelle infrastrutture della Nuova via della seta. Se Islamabad non sarà in grado di rispettare le rate del mutuo, Pechino potrebbe mettere le mani sull'intero corridoio. Ecco perché il nuovo premier sta tentando di diversificare gli investimenti rivolgendosi anche ad attori come l'Arabia Saudita, e recentemente ha istituito un'agenzia che di fatto scavalca le autorità locali nella supervisione dei progetti lungo il CPEC.

Il meccanismo di ricattabilità innescato dai prestiti cinesi viene chiamato «trappola del debito» ed è una delle principali accuse rivolte al progetto della BRI. Ha spinto diversi Stati a rinegoziare o addirittura bloccare i progetti concordati con la Cina. Finora, oltre al Pakistan, i paesi caduti nella «trappola del debito» sono Tagikistan, Kirghizistan, Mongolia, Laos, Maldive, Gibuti e Sri Lanka. Il caso dello

Sri Lanka è esemplare: per costruire il porto di Hambantota, il paese è entrato in una spirale di prestiti con banche e imprese cinesi che non è stato in grado di ripagare. Nel dicembre 2017 è stato costretto a cedere a Pechino il controllo del porto per i prossimi novantanove anni.

Da notare, però, che dal 2013 a oggi solo il 14 per cento dei progetti avviati nell'ambito della BRI ha riscontrato rallentamenti (una percentuale bassissima se si tiene conto delle dimensioni del progetto della Nuova via della seta) e che si è sempre trattato di manifestazioni per rinegoziare gli accordi, mai per rifiutarli in assoluto.

Il Pakistan è anche un paese che soffre a causa del *climate change* e ha un problema di fabbisogno energetico: consuma più energia di quanta ne produca. Il progetto del Corridoio Cina-Pakistan prevede l'investimento di 33 miliardi di dollari nella costruzione di impianti energetici. Dov'è il problema? Tre quarti dell'energia prodotta da questi impianti si baserà sul carbone, con conseguenti danni ambientali e sulla salute delle persone. Oltre all'aumento delle emissioni di gas serra, infatti, tra le problematicità del funzionamento di questo tipo di impianti c'è il massiccio bisogno di risorse idriche. E il Pakistan, e il distretto di Gwadar in particolare, soffre da sempre per problemi di approvvigionamento idrico.

Il Pakistan è quindi il perfetto riassunto degli aspetti più controversi della BRI, che da una parte espongono lo Stato promotore a dure critiche, dall'altra avvalorano con forza le tesi dei più scettici: i progetti della Nuova via della seta mirerebbero a un allargamento della sfera di influenza politico-militare della Cina, sono spesso poco trasparenti, incuranti del loro impatto sociale e ambientale, hanno scarse ricadute economiche positive sui paesi ospitanti e potrebbero creare tensioni in territori già problematici.

La Cina, tutt'altro che sorda alle critiche, è corsa ai ripari.

Durante il secondo «Belt and Road Forum for International Cooperation», svoltosi a Pechino dal 25 al 27 aprile 2019, ha parlato di «ribilanciamento» del progetto, accorgendosi che la curiosità espressa dai vari paesi durante il primo forum del 2017 in molti casi si era trasformata in diffidenza.

«Ogni cosa deve essere fatta in modo trasparente, e dovremo avere zero tolleranza per la corruzione» ha detto Xi Jinping durante il discorso di apertura, davanti a un pubblico che includeva rappresentanti di oltre cento paesi, tra cui trentasette capi di Stato e di governo. Ammettendo che «nonostante i traguardi raggiunti, ci sono ancora montagne da scalare e mari da solcare» ha sottolineato: «Dobbiamo aderire ai concetti di apertura, sostenibilità ambientale e pulizia. Costruire infrastrutture che siano di alta qualità, resistenti ai rischi e che abbiano un prezzo ragionevole. Questo aiuterà i paesi a utilizzare appieno le loro risorse». Pechino ha quindi dimostrato di essere consapevole della necessità di ricalibrare l'iniziativa, per impedire che nel lungo periodo essa subisca una battuta d'arresto. Sa di avere bisogno di rafforzare il consenso internazionale sulle politiche economiche per favorire la ricezione dei suoi investimenti all'estero e per attirare quelli stranieri, fondamentali soprattutto per il suo sviluppo tecnologico.

Anche a questo secondo forum l'Italia è stata rappresentata dal premier, in questa circostanza Giuseppe Conte, unico caso fra i paesi membri del G7. Francia, Germania e Gran Bretagna anche in quest'occasione hanno preferito inviare funzionari statali di secondo livello, mentre gli Stati Uniti non si sono proprio presentati. Non è un caso: l'Europa e gli Usa sono i più preoccupati e i più critici nei confronti della BRI.

L'Africa – a differenza del 2017, quando, al primo forum, fu presente con solo due capi di Stato – ha partecipato con i leader di Gibuti, Egitto, Etiopia, Kenya e Mozambico. L'espansione della BRI in Africa è uno sviluppo relativamente recente, ma sembra che stia trovando terreno fertile soprattutto lungo la costa orientale del continente. Rientra in una strategia di lungo periodo ed è l'ultimo tassello di un piano di cooperazione iniziato tanti anni fa.

La BRI *e l'Africa*

La scenografia sullo sfondo è coloratissima: ciclamino, viola e bianco. Sullo schermo al centro della scena scorrono, in obliquo, cuori di varie dimensioni. Lo studio è più piccolo e spoglio, ma ricorda molto quello dei programmi di Maria De Filippi. Anche il format sembra avere molti tratti in comune. Otto donne stanno in piedi dietro piccoli podi disposti in semicerchio. Al centro del palcoscenico si presenta un uomo, mentre il conduttore e la conduttrice lanciano una clip che racconta chi è, che lavoro fa, quali sono i suoi hobby e che tipo di donna sta cercando. Quindi il concorrente si esibisce per mostrare i suoi talenti: può cantare, ballare, recitare. Le donne osservano e quando si sono decise pigiano un pulsantone per decretare che il pretendente «è degno di un appuntamento». A questo punto, l'uomo sceglie una delle donne che hanno premuto il bottone, la prende per mano e assieme a lei esce dallo studio per avventurarsi nel più classico degli appuntamenti al buio.

Il programma si chiama «Hello Mr Right» e in Zambia e Kenya ha ottenuto un grandissimo successo di pubblico. Vi starete domandando perché vi parlo di «Uomini e donne» in salsa africana. Il motivo è molto semplice: «Hello Mr Right» è uno dei tanti tasselli della strategia mediatica cinese, inaugurata all'inizio degli anni Duemila e rafforzata da Xi Jinping nel 2015, quando, durante uno dei suoi numerosi viaggi in Africa, ha annunciato il piano «10.000 villaggi», che consiste nel far arrivare la televisione digitale terrestre anche nelle zone più povere e sperdute dell'Africa.

Fino a poco tempo fa, in quella parte del mondo la Tv era

un lusso per le élite e si basava sulla copertura analogica, una tecnologia ormai superata. Chiaramente non si tratta di filantropia: l'obiettivo di Xi Jinping è quello di dotare di reti televisive satellitari vaste aree dell'Africa, in modo da poter trasmettere nelle case degli africani i programmi cinesi. L'azienda che produce «Hello Mr Right» si chiama Startimes, ha sede a Pechino e in Africa è diventata uno dei suoi più potenti strumenti di *soft power*, l'abilità di creare consenso attraverso la persuasione e non l'imposizione. Senza che gran parte del mondo se ne accorgesse. Con i suoi dieci milioni di abbonati, distribuiti in trenta paesi africani, Startimes veicola un'immagine positiva della Cina tra gli africani e garantisce a Pechino un controllo più stretto sulla sua rappresentazione mediatica e sulle infrastrutture delle comunicazioni nel continente. E non è la sola. Anche la CCTV, la televisione statale cinese, è ormai presente sul territorio africano e offre trasmissioni che coprono l'intero arco delle ventiquattro ore.

La vicenda di Startimes è solo un esempio fra i tanti. Negli ultimi vent'anni, infatti, l'Africa è stata il terreno privilegiato in cui Pechino ha sperimentato e coltivato l'arte del *soft power*, nei confronti sia delle comunità locali sia della comunità internazionale.

La presenza sempre più forte della Cina in Africa è il frutto di una pianificazione simile a quella adottata successivamente per la Nuova via della seta, per questo la si può quasi definire una sorta di prova generale della BRI. In quel continente l'azione cinese è stata particolarmente efficace, perché oltre ad aver coinvolto ambiti strettamente mercantili, si è tradotta anche in massicci investimenti nei settori sociali – sanità, istruzione e formazione professionale – riuscendo così a stabilire e consolidare buoni rapporti commerciali e politici con i diversi paesi africani. Ogni anno, per esempio, grazie alle borse di studio erogate dal governo cinese arrivano in Cina, in proporzione, più studenti dall'Africa che da qualsiasi altra parte del mondo. Nel 2003 erano poco meno di 2000, nel 2015 erano 15.000 e nel 2017 si contavano più ragazzi africani iscritti a corsi universitari in Cina che negli Stati Uniti o nel Regno Unito. La Cina offre istruzione ai giovani e lascia un'impressione positiva nella prossima generazione dell'élite africana. *Soft power*, appunto.

Non c'è da stupirsi per l'intenso rapporto che intercorre tra Cina e Africa perché, anche se noi occidentali ce ne siamo accorti soltanto negli ultimi anni, la Repubblica popolare, fin dalla sua fondazione nel 1949, si è sempre posta come interlocutore privilegiato del continente. I principi della rivoluzione maoista, come l'anticolonialismo e la retorica della solidarietà e dello sviluppo condiviso tra le nazioni non-allineate (l'autoproclamatosi «Terzo Mondo», durante la Conferenza afroasiatica di Bandung, nel 1955), si sono infatti diffusi in parte grazie all'impegno di molti paesi africani.

Anche gli scambi tra i due continenti sono sempre stati vivaci. Tra il 1963 e il 1964 Mao Zedong inviò il premier Zhou Enlai nel continente africano proprio per porre le basi di futuri rapporti di collaborazione all'insegna della parità, della reciprocità di interessi e della non interferenza nelle politiche locali. I legami in seguito si sono rafforzati per effetto dell'isolamento internazionale della Cina, conseguente al massacro di Tienanmen del 1989. Dopo la repressione delle proteste studentesche, l'attività diplomatica del Celeste Impero in Africa ha subito un'accelerazione che ha raggiunto l'apice nel 2000, quando è stato creato il Forum per la cooperazione Cina-Africa (FOCAC) e nel 2009, quando la Cina ha superato gli Stati Uniti come primo partner commerciale del continente africano.

Da molto tempo, quindi, la Cina investe in Africa denaro e, molto importante, differenzia i suoi investimenti: finanzia la costruzione di strade, ferrovie, porti, aeroporti, ospedali, scuole e stadi, fornisce aiuti umanitari, ha immesso capitali nel settore energetico, nelle miniere, nelle telecomunicazioni, e ha anche creato, grazie agli investimenti combinati di fondi statali e privati, piantagioni di tabacco, gomma e canna da zucchero, ha sviluppato zone speciali di cooperazione economica e commerciale in diversi Stati, tra cui Etiopia, Nigeria e Zambia. In cambio riceve materie prime (combustibili minerali, lubrificanti, ferro, metalli), terreni per l'agricoltura, prodotti agricoli e un vasto mercato per l'industria manifatturiera cinese. Secondo le stime del colosso dell'informazione finanziaria Thomson Reuters e della World Bank, la Cina è la fonte del 21 per cento delle importazioni della regione e la destinazione del 16 per cento delle esportazioni dell'Africa subsahariana.

Come per il progetto della Belt and Road Initiative, la propaganda cinese intorno alle attività in Africa punta a rassicurare sia gli africani sia la comunità internazionale e a trasmettere il messaggio che il Dragone non rappresenta una minaccia: paragona il suo modello di sviluppo a quelli offerti in passato dall'Europa e dall'Unione Sovietica e ne sottolinea le diversità, ribadendo come, essendo tuttora un paese in via di sviluppo, la Cina non abbia mai colonizzato altre nazioni e non abbia mai condotto operazioni di sfruttamento selvaggio ai danni di terzi.

I finanziamenti cinesi avvengono di solito sotto forma di prestiti e crediti forniti dalle banche e dal Fondo per lo sviluppo Cina-Africa, creato nel 2007. I primi destinatari sono stati paesi come il Sudan, l'Angola, la Repubblica democratica del Congo (RDC), l'Etiopia e il Kenya. Grazie anche al progetto della Nuova via della seta, di cui l'Africa è un terminale, la Cina è in assoluto il partner più attivo nel settore infrastrutturale africano, con una spesa che supera quella di Asian Development Bank, Commissione europea, Banca europea per gli investimenti, International Finance Corporation, Banca mondiale e G7 messi insieme.

Le cifre, come spesso accade con la Cina, sono esorbitanti: dal 2000 al 2016 le banche cinesi, gli appaltatori e il governo del Dragone hanno prestato all'Africa oltre 125 miliardi di dollari;[16] al «Forum per la cooperazione Cina-Africa» del 2018 il presidente Xi Jinping ha promesso ulteriori prestiti per 60 miliardi di dollari e la cancellazione delle passività per i paesi più poveri e indebitati.[17] I progetti infrastrutturali più impegnativi inaugurati di recente sono la linea ferroviaria da 435 chilometri e 3,6 miliardi di dollari tra Nairobi e Mombasa e quella da 750 chilometri e 4,2 miliardi di dollari tra Addis Abeba e Gibuti.[18]

L'ascesa del Dragone in Africa ha finora subito qualche battuta d'arresto, ma in generale ha proceduto senza grandi intoppi, grazie ad alcune caratteristiche del suo *modus operandi*. In un territorio che ne appare ancora drammaticamente sprovvisto, la Cina ha puntato sugli investimenti e sulla costruzione di infrastrutture (i progetti riguardano 3000 chilometri di autostrade, oltre 2000 chilometri di ferrovie, 85 milioni di tonnellate all'anno di attività portuali, oltre a 9 milioni di tonnellate al giorno di capacità di depurazione dell'acqua e circa 20.000 megawatt di generazione di energia) ed è riuscita a istituire alcune zone economiche speciali in cui aziende cinesi e straniere beneficiano di incentivi fiscali, esoneri dai dazi doganali, dai visti e dai permessi per l'espatrio dei lavoratori.

Ha messo in campo le sue aziende in grado di offrire beni e servizi a prezzi competitivi e adeguati al reddito medio

16 Dati del programma di ricerca China-Africa Research Initiative della Scuola internazionale della Johns Hopkins University di Washington.

17 Christian Shepherd e Ben Blanchard, *China's Xi Offers Another $60 Billion to Africa, but Says No to «Vanity» Projects*, Reuters, 3.9.2018, https://www.reuters.com/article/us-china-africa/chinas-xi-offers-another-60-billion-to-africa-but-says-no-to-vanity-projects-idUSKCN1LJ0C4

18 https://www.ft.com/content/d0fd50ee-1549-11e7-80f4-13e067d5072c

di un cittadino africano. Ha rispettato il famoso principio di «non ingerenza negli affari interni dei paesi in cui si stipulano accordi commerciali» promosso da Zhou Enlai negli anni Sessanta: a differenza delle istituzioni monetarie internazionali, come la Banca mondiale e il Fondo monetario internazionale, la Cina non vincola i governi africani a nessun tipo di politica se non a quella di «una sola Cina» (che prevede il riconoscimento di Taiwan come parte integrante del territorio cinese) e non avanza ai paesi africani richieste su temi sensibili come la lotta alla corruzione, la trasparenza del sistema bancario e una maggiore democratizzazione della vita politica.

È stata capace di sviluppare un'azione diplomatica molto efficace, caratterizzata da frequenti visite e scambi tra capi di Stato e dirigenti (non è un caso, per esempio, che Xi Jinping abbia scelto Tanzania, Sudafrica e Congo come mete della sua prima visita di Stato nel 2013, appena diventato presidente della Repubblica popolare cinese) e da una presenza diffusa sul territorio africano (lo Swaziland, nell'Africa meridionale, è l'unico paese africano che non ha al momento relazioni diplomatiche con Pechino).

Infine, ha utilizzato in maniera massiccia l'arma del *soft power*: oltre a quella delle televisioni, ha potenziato la presenza dei media dell'informazione (l'agenzia statale cinese Xinhua ha più di venti sedi in Africa e compete direttamente con Reuters, Associated Press e Bloomberg nel continente), ha finanziato le squadre sportive e gli atleti che aspirano alle Olimpiadi, ha istituito programmi per rafforzare i rapporti diplomatici e politici (in aggiunta alle borse di studio per gli studenti, Pechino offre tirocini e viaggi di formazione a professionisti, diplomatici e giornalisti e organizza progetti di scambio per funzionari di governo e di ministeri chiave) e anche culturali (gli Istituti Confucio, che promuovono la conoscenza della lingua e della cultura cinesi, sono presenti in ventidue paesi africani).

Nonostante le rassicurazioni di Pechino, il successo della capillare penetrazione cinese in Africa viene guardato con sospetto dalla comunità internazionale, che parla spesso di una vera e propria neocolonizzazione del continente.

Anche in questo caso, come lungo i corridoi della Nuova via della seta, una delle critiche più forti riguarda la «trappola del debito». Lo Zambia, per esempio, è uno dei primi partner commerciali africani della Cina e attualmente deve al colosso asiatico una somma di denaro superiore al 70 per cento del suo Pil e si trova davanti al pericolo default a causa della concentrazione del rischio rispetto a un unico creditore. Di recente si sta diffondendo un crescente sentimento anticinese da parte degli zambiani, soprattutto a causa degli incidenti dovuti alle condizioni di lavoro nelle miniere e per il rischio che l'aeroporto di Lusaka e l'azienda elettrica nazionale (Zesco) possano presto finire nelle mani del Dragone, come è accaduto con la stazione televisiva e radiofonica Zambian National Broadcasting Corporation, di cui la Cina detiene il 60 per cento.

In Africa, tuttavia, esiste pure il «modello Angola», che la Cina ha anche esportato in altri paesi del continente. Si tratta dell'esempio più eclatante per capire quanto l'aspetto geopolitico sia molto più complesso di come appare. Dopo la fine della guerra civile che ha sconvolto il paese dell'Africa meridionale dal 1975 al 2002, la Cina è stata la prima potenza a farsi avanti per il programma di ricostruzione postbellico. Le modalità di cooperazione hanno previsto prestiti generosi a tassi agevolati in cambio di beni primari (greggio) e di supercontratti per la costruzione di infrastrutture. Oggi l'Angola, che è il secondo produttore di petrolio in Africa dopo la Nigeria, esporta più della metà del suo greggio in Cina e questo, se da un lato ha creato malcontento per i minori introiti derivanti dall'export, dall'altro ha rafforzato la solidità del governo angolano rispetto alle opposizioni interne e ha ridato slancio alla sua reputazione internazionale. L'aver saputo sfruttare il rapporto con la Cina ha infatti reso l'Angola un soggetto interessante anche per altri investitori stranieri: Stati Uniti ed Europa hanno stipulato più contratti e il FMI e la Banca mondiale hanno assunto un atteggiamento più morbido nei suoi confronti. Nel tempo, ciò ha permesso di limitare progressivamente la dipendenza da Pechino.

I cinesi vengono accusati anche di concorrenza sleale, perché le loro aziende, non dovendo sottostare alle convenzioni anticorruzione dell'OCSE, in vigore nei paesi occidentali, hanno notevoli vantaggi in un mondo come quello africano, dove le pratiche corruttive sono molto diffuse. La violazione dei diritti umani e le pessime condizioni per i lavoratori sono altri due criticità evidenziate dalla comunità internazionale. Un rapporto del 2016 di Amnesty International e dell'ONG Afrewatch accusava la Congo Dongfang Mining International, controllata al 100 per cento dalla cinese Zhejiang Huayou Cobalt Ltd, di sfruttare decine di bambini per la raccolta di metalli radioattivi fondamentali per la realizzazione dei nostri telefonini, come cobalto e coltan, nelle miniere della Repubblica democratica del Congo.

C'è poi la denuncia di *land grabbing*: la Cina, da tempo, è considerata il paese maggiormente coinvolto nell'accaparramento di terre destinate a monocolture nelle zone meno sviluppate del mondo, una pratica che stravolge l'equilibrio di interi ecosistemi, procurando danni ambientali ed economici gravissimi. Diversi studi, tra cui quello di Deborah Brautigam, docente di economia politica alla Johns Hopkins University di Washington ed esperta di rapporti tra Cina e Africa, hanno però dimostrato che le cifre diffuse da alcuni giornali internazionali sul controllo da parte delle aziende cinesi di circa 10 milioni di ettari di terreni agricoli sono false. Le compagnie cinesi in Africa controllano poco più di 300.000 ettari. La Cina, infatti, sembra aver agito con cautela proprio per paura delle critiche da parte delle opinioni pubbliche locali.

La Repubblica popolare è anche accusata di aver portato avanti il «ripopolamento cinese» dell'Africa, esportando un esercito di manodopera a basso costo a discapito dei lavoratori africani. È impossibile sapere con certezza quanti cinesi vivano oggi in Africa, ma si ritiene che negli ultimi dieci anni abbiano raggiunto il milione. Anche in questo caso, nonostante nel tempo sia cresciuto il malcontento tra i cittadini africani, alcuni studi sostengono che il numero sia gonfiato e possa essere un altro mito prodotto dalla paura occidentale di vedersi sfilare un intero continente con tutte le sue risorse.

Molte accuse potrebbero aver avuto origine da un luogo comune diffuso, secondo cui la Cina sarebbe un monolite e in Africa tutti gli accordi economici cinesi avverrebbero con una forte regia governativa. In realtà, nell'ottobre 2017 la società di consulenza internazionale McKinsey ha pubblicato una ricerca sui rapporti tra Cina e Africa, sancendo che il 90 per cento delle imprese cinesi in Africa è di proprietà privata e che l'89 per cento dei dipendenti delle società cinesi è africano (la predilezione per i connazionali asiatici persisterebbe soltanto nelle mansioni per cui la forza lavoro locale non possiede una formazione adeguata: management, finanza, supervisione della produzione, carpenteria).

Un altro studio pubblicato dalla prestigiosa School of Oriental and African Studies di Londra nel 2019, dopo quattro anni di ricerche sul campo, ha inoltre dimostrato come il trattamento riservato ai dipendenti locali, lungi dall'essere impeccabile, in realtà non sia di qualità inferiore a quello dei competitor internazionali.

Infine, la Cina è guardata con sospetto ed è accusata di voler espandere la propria influenza politica in Africa perché negli ultimi anni ha introdotto una novità sostanziale rispetto alle sue tradizionali pratiche di politica estera:

avendo bisogno di garantire la sicurezza dei propri affari, ha affiancato una presenza militare alle attività commerciali e finanziarie in terra africana. È diventata infatti il primo paese tra i membri del Consiglio di sicurezza dell'ONU per numero di soldati appartenenti a missioni di peace-keeping e nell'agosto 2017 ha inaugurato la sua prima base militare extraterritoriale a Gibuti. Da tempo, l'ex colonia francese incastrata fra Etiopia, Eritrea e Somalia ospita contingenti militari di Stati Uniti, Francia, Giappone e Italia. La presenza militare cinese, che va ad aggiungersi a circa 15 miliardi di dollari di investimenti per costruire porti, aeroporti, una centrale a carbone e un treno elettrico, garantirà al Celeste Impero uno sbocco sull'Oceano Indiano e un collegamento con il Mar Rosso come via di accesso per il Mediterraneo.

Gibuti è infatti un importante snodo del progetto della Nuova via della seta e in qualche modo completa quel Corridoio economico sino-pakistano di cui abbiamo parlato nelle pagine precedenti. Sia l'India sia gli Stati Uniti hanno reagito con preoccupazione. In un report il Pentagono ha dichiarato: «Questa iniziativa, insieme alle regolari visite di navi militari nei porti stranieri, riflette e amplifica la crescente influenza della Cina, estendendo la portata delle sue forze armate».

La presenza cinese in Africa realizza gli obiettivi di un fine disegno economico e geopolitico, nonostante si sviluppi secondo molteplici declinazioni. A tante Afriche diverse corrispondono tante specifiche Cine in Africa.

Tra luci e ombre, tuttavia, emerge una certezza: il continente africano ha accelerato sensibilmente il suo passo negli ultimi decenni e ciò è dovuto soprattutto al massiccio intervento della Cina. I capitali investiti dai cinesi hanno innegabilmente supportato occupazione e sviluppo.

Pechino ha scelto di contare, di essere influente nel continente destinato a crescere di più dal punto di vista demografico nei prossimi decenni. Vedi alla voce «lungimiranza cinese».

La BRI *e l'Unione europea*

L'Europa è il principale partner commerciale della Cina e, come abbiamo visto, è la destinazione naturale delle rotte terrestri della Nuova via della seta.

A partire dal 2010, a causa della fragilità della maggior parte delle economie dei paesi Ue dovuta alla crisi finanziaria del 2008 e al pesante carico di debito che ne limita la spesa pubblica, gli investimenti cinesi nel Vecchio Continente hanno cominciato ad aumentare rapidamente.

La Ue, in questi anni, ha provato a condizionare il progetto cinese, cercando di spingerlo verso gli standard di trasparenza europei, e contemporaneamente si è mossa per garantire la sicurezza dei suoi settori strategici, monitorando attentamente gli affari delle società statali del Dragone. La Cina, infatti, è stata criticata per aver acquisito, con fare predatorio, aziende del settore tecnologico e nel ramo delle infrastrutture. Muoversi in questo inedito contesto geopolitico per l'Europa non è stato affatto semplice, non potendo più fare affidamento sugli Usa dopo le due tranche di dazi imposte dal presidente Donald Trump, prima contro l'acciaio e l'alluminio e poi contro il settore aereo e quello agroalimentare, che hanno dimostrato come, oltre Atlantico, non si tratti più l'Europa da alleato economico, pur continuando a chiedere lealtà geopolitica.

Un compromesso tra l'Unione e la Cina è stato raggiunto con il primo comunicato congiunto firmato durante l'EU-China Summit 2019, svoltosi a Bruxelles il 9 aprile 2019 alla presenza del premier cinese Li Keqiang. La Cina si è impegnata a rinunciare ai trasferimenti forzati di know-how tecnologico e a rivedere i sussidi statali alla sua industria, in cambio dell'accesso al nostro mercato.

La preoccupazione europea era stata esplicitata senza giri di parole in un documento redatto un anno prima da ventisette dei ventotto ambasciatori dell'Unione europea in Cina (in calce mancava soltanto la firma dell'Ungheria), che smontava piuttosto duramente la visione della BRI come «progetto *win-win*». Il testo sosteneva che il piano della Nuova via della seta andava contro il programma Ue per la liberalizzazione del commercio e spingeva la bilancia del potere in favore delle imprese cinesi che godono di sussidi. Proseguiva quindi asserendo: «Non dovremmo rifiutare di cooperare, ma dovremmo educatamente eppure fermamente affermare le nostre condizioni». Una sorta di allarme rivolto all'Europa, a segnalare la difficile compatibilità tra due modelli di sviluppo. Secondo il documento, infatti, la Cina vuole «modellare la globalizzazione per soddisfare i propri interessi» e, allo stesso tempo, «l'iniziativa persegue obiettivi politici interni come la riduzione delle capacità in eccesso, la creazione di nuovi mercati di esportazione e la salvaguardia dell'accesso alle materie prime». La Cina ha etichettato immediatamente il report come «non accurato», ma il problema è rimasto aperto.

In realtà, il documento è un esempio palese dell'atteggiamento dell'Europa nei confronti del Dragone: da un lato sa di non poterne fare a meno, dall'altro teme il suo espansionismo economico, tanto da avergli affibbiato nel tempo le definizioni di «rivale sistemico» e «concorrente strategico». Le principali accuse sollevate contro Pechino riguardano soprattutto la mancata reciprocità: la Cina non offre all'Unione europea le stesse aperture di mercato che le sono offerte nel Vecchio Continente. È il motivo per cui a partire dal 2017 in sette paesi, tra cui Francia e Germania, sono state poste delle limitazioni agli investimenti cinesi nei settori «sensibili» delle tecnologie e delle infrastrutture. Il protezionismo cinese è di fatto il motivo per cui la Ue non ha ancora riconosciuto alla Cina lo *status* di economia di mercato, a più di quindici anni dal suo ingresso nel WTO: raggiungerlo comporterebbe l'eliminazione delle barriere tariffarie e doganali nei confronti di quelle aziende cinesi i cui prodotti sono considerati portatori di distorsioni significative per la piazza economica europea.

Dalla firma quasi unanime dell'Europa sul documento degli ambasciatori è trascorso poco tempo, ma molta acqua è passata sotto i ponti. Nonostante lo scetticismo di potenze regionali come Francia e Germania, nell'agosto 2018 Atene ha siglato un memorandum d'intesa con Pechino sulla Nuova via della seta, mentre il 7 dicembre è stata la volta di Lisbona. La firma del Portogallo è stata oggetto di particolare attenzione in Cina e ha generato un certo entusiasmo: è il «primo paese dell'Europa occidentale» ad accettare, di fatto, la nuova idea di globalizzazione cinese. La Grecia aveva rafforzato progressivamente i suoi rapporti con Pechino a partire dall'aprile 2016, quando ha ceduto il 51 per cento del Pireo, il porto più grande del paese, alla China Cosco Shipping Corporation, il primo operatore marittimo cinese. Tre anni più tardi è entrata anche a far parte dei 16+1 (che ora sono diventati i 17+1), il progetto di cooperazione tra il Dragone e sedici paesi dell'Europa centrale e orientale avviato nel 2012, che mira a creare occasioni di scambio economico, finanziario, scientifico, educativo e culturale.

A detta di alcuni osservatori, tra le cancellerie europee sembrerebbe circolare il sospetto che Pechino stia scommettendo sullo sfaldamento dell'Unione. In realtà, storicamente la Cina non ha mai amato gli stravolgimenti improvvisi e non le interessano oggi i processi di destabilizzazione. Il suo modo di concepire il tempo è completamente diverso dal nostro e i traguardi della Nuova via della seta sono collocati su un orizzonte posto a una distanza per noi inconcepibile, il 2049. Le strategie di Pechino non prevedono scontri frontali, sembrano puntare invece su tattiche di accerchiamento e di contenimento.

L'attivismo dimostrato dal Dragone nel lanciare e accompagnare il suo progetto non intende mettere in crisi il fragile equilibrio dell'Ue, punta piuttosto a circondare, con il lento lavorio del suo *soft power*, il cuore dell'Europa. L'interesse cinese è tutto commerciale: consapevole della sua forza, Pechino preferisce stipulare accordi bilaterali per far pesare il suo innegabile potere economico. I firmatari europei di un memorandum con la Cina sono tredici: Bulgaria, Croazia, Repubblica Ceca, Estonia, Ungheria, Grecia, Lettonia, Lituania, Malta, Polonia, Portogallo, Slovacchia e Slovenia. A loro, nella primavera del 2019, si è aggiunta l'Italia (a cui sono seguiti il Lussemburgo e la Svizzera). Gli osservatori hanno subito notato un brusco ricollocarsi su posizioni filocinesi da parte dei governi di alcuni dei paesi entrati nel circuito della Nuova via della seta. Soltanto un esempio: sono state Grecia e Ungheria, nel 2016, a impedire che l'Ue sostenesse il pronunciamento del tribunale dell'Aia contrario all'espansione di Pechino nel Mar Cinese Meridionale e che si esprimesse, nel corso di un forum delle Nazioni Unite, sulle ripetute violazioni dei diritti umani in Cina.

Soprattutto, Portogallo, Grecia e Ungheria sono stati importanti tasselli per il riconoscimento diplomatico del progetto geopolitico di Pechino, ma la vera svolta è arrivata il 23 marzo 2019, quando a firmare un *memorandum of understanding* con il Celeste Impero è stata l'Italia, uno dei membri del G7 e quindi uno stretto alleato degli Stati Uniti.

Le ragioni dell'interesse cinese per l'Italia sono facilmente rintracciabili nella posizione strategica occupata dal nostro paese al centro del Mediterraneo. Lo stivale rappresenta uno snodo irrinunciabile tra la rotta terrestre e quella marittima del progetto BRI: si affaccia sull'Africa ed è letteralmente un ponte per l'Europa. Particolarmente attrattivi per i cinesi sono alcuni nostri porti, soprattutto quelli di Trieste, Venezia e Genova, che potrebbero contribuire a consolidare l'interscambio commerciale tra Europa e Asia su una nuova rotta, visto che al momento la maggior parte delle merci transita soprattutto attraverso i porti del Nordeuropa (Amburgo, Rotterdam, Anversa, Le Havre).

Il rapporto Italia-Cina viene sempre celebrato come un rapporto longevo e importante: nelle occasioni ufficiali si sottolinea come i due paesi siano profondamente connessi e uniti dalla cultura millenaria. Oltre a Marco Polo, il famoso autore del *Milione* che tutti conosciamo, la storia dell'incontro tra i due paesi è costellata da diverse personalità importanti. L'esempio di due grandi italiani può farci capire quanto, fino a un certo punto, il nostro paese abbia rivestito un ruolo centrale per le relazioni Europa-Cina e, in particolare, per lo studio della lingua e della cultura cinesi. La sinologia, infatti, ha spesso parlato italiano. La personalità più nota è sicuramente quella del gesuita e sinologo Matteo Ricci, pioniere delle missioni cattoliche moderne in Cina, nato a Macerata nel 1552 e morto a Pechino nel 1610. Inviato nelle Indie orientali, arrivò in Cina nel 1582, quando iniziò la sua opera di divulgazione della cultura occidentale e di studio della civiltà orientale. Grazie alla perfetta conoscenza della lingua cinese e alla sua grande capacità diplomatica, una volta raggiunta Pechino, nel 1601, riuscì a conquistare la fiducia e la stima dell'imperatore Wanli e della sua corte, conducendo un'opera evangelizzatrice basata sul rispetto per la cultura cinese. Secondo Ricci, il cristianesimo avrebbe dovuto diffondersi nella società del Celeste Impero partendo dall'alto, dalla conversione della classe colta.

A conquistare i cinesi fu il suo presentarsi come uomo di scienza piuttosto che in veste di sacerdote, espediente che gli permise di portare avanti anche un'opera di divulgazione della cultura scientifica occidentale. Rimangono moltissime sue opere in mandarino, su diversi temi: matematica, filosofia morale, astronomia. La sua impresa forse più celebre, anche perché denota grande capacità empatica con la cultura cinese, fu, nel 1584, la pubblicazione del *Mappamondo* annotato in mandarino. In quest'opera Ricci illustrò per la prima volta all'imperatore la correlazione tra i suoi domini e il resto del mondo, posizionando, intuizione clamorosa, la Cina al centro della carta (come si è già detto, Cina in cinese si dice «paese del centro»). Ricci maturò per primo la convinzione che nella cultura confuciana esistessero dei valori conciliabili con il cristianesimo (la credenza in un essere supremo, il senso del dovere, l'amore della verità e della giustizia, la *pietas* verso i genitori, il culto degli antenati), sui quali si sarebbe potuta innestare la predicazione del Vangelo.

Molto meno conosciuta, ma non certo secondaria anche se spesso trascurata, è la figura del missionario francescano Basilio Brollo, nato a Gemona del Friuli nel 1648 e morto a Sanyuan, vicino a Xi'An, in Cina, nel 1704. Con la sua morte, ha termine l'epoca gloriosa della sinologia italiana, ben presto sostituita soprattutto da quella francese, che godeva di appoggio finanziario e incoraggiamento governativo. La fama di Brollo è dovuta ai primi due dizionari cinese-latino della storia. Li compilò a Nanchino nel 1694 e nel 1699, descrivendo e traducendo rispettivamente circa settemila e novemila ideogrammi.

Per molto tempo questi due dizionari circolarono in copie manoscritte con aggiunte e correzioni, e costituirono l'indispensabile strumento di lavoro dei sinologi europei. Durante il XVIII secolo molteplici tentativi di pubblicare il dizionario fallirono, soprattutto a causa dell'alto costo richiesto dall'incisione dei caratteri cinesi. Solo all'inizio dell'Ottocento Napoleone Bonaparte decise di procedere alla pubblicazione dell'opera, che si rivelò tuttavia un plagio vergognoso, con il nome di Brollo sostituito da quello di Chrétien Louis Joseph de Guignes, un addetto al ministero francese degli Affari esteri che si appropriò della paternità del dizionario. Il sotterfugio e la manomissione vennero subito denunciati, ma senza conseguenze.

La fine della Seconda guerra dell'oppio, combattuta tra

il 1856 e il 1860, segna l'avvio dell'imperialismo europeo in Cina. Le relazioni diplomatiche tra il Regno d'Italia e l'Impero cinese iniziano con la firma del Trattato di commercio e navigazione (detto anche Trattato di amicizia). Sono gli anni in cui le potenze occidentali stipulano i cosiddetti «trattati ineguali», che di fatto privano la Cina della sua sovranità e che, nella percezione degli storiografi cinesi, daranno il via al «secolo delle umiliazioni». Anche l'Italia fa la sua parte. Fino al 1943, controlla una concessione territoriale, ovvero una sorta di colonia, nella città portuale di Tianjin, per aver partecipato alla campagna militare contro la rivolta dei Boxer, la ribellione di molte organizzazioni cinesi popolari che si erano battute contro l'influenza straniera colonialista. Ancora oggi in città esiste un quartiere con costruzioni in stile liberty e art déco tipiche dei viali delle località di mare italiane dei primi del Novecento.

Dopo la fondazione della Repubblica popolare cinese nel 1949, i rapporti commerciali con il nostro paese riprendono a partire dalla metà degli anni Sessanta. È il 6 novembre 1970 quando il «New York Times» annuncia in un articolo che Roma ha ufficialmente riconosciuto la Repubblica popolare cinese. All'interno della NATO l'Italia è il settimo paese a fare i conti con l'esistenza di un governo legittimo con sede a Pechino, interrompendo le relazioni con Taiwan. L'autorevole quotidiano americano descrive le spaccature che questo passo storico crea all'interno della tutt'altro che monolitica Democrazia cristiana e racconta il clima di esultanza che si respira invece nelle stanze del Partito comunista italiano.

Nonostante un settantennio di scambi culturali e accenni di cooperazione economica, un vero sussulto di attivismo nei rapporti tra i due paesi arriva con il primo governo Conte, in carica dal 1° giugno 2018 al 5 settembre 2019, retto dall'inedita coppia Lega - Movimento 5 Stelle. L'esecutivo, soprattutto per volontà del Movimento, si dà molto da fare nello stabilire connessioni con la Cina: il vicepremier Luigi Di Maio e il ministro dell'economia Giovanni Tria si recano più volte a Pechino e il ministero per lo Sviluppo economico crea una task force dedicata ai rapporti con il Dragone. Infine, durante la prima visita ufficiale del presidente Xi Jinping nel nostro paese, si giunge al memorandum di intesa firmato il 23 marzo 2019.

L'Italia è stata l'unico paese europeo in cui un protocollo di quella natura è stato siglato dal vicepremier e ministro dello Sviluppo economico, invece che dal ministro degli Esteri. L'esecutivo italiano, infatti, ha ribadito come non si trattasse di un accordo geopolitico, ma di un comune accordo commerciale. In realtà, la valenza prettamente politica, e quindi il forte impatto simbolico, del memorandum sulla Nuova via della seta è evidente grazie a diversi fattori. In primo luogo alcuni alleati europei – per esempio Francia e Germania – e gli Stati Uniti hanno espresso preoccupazione e sottolineato i rischi della mossa italiana, tanto che il presidente della Repubblica Sergio Mattarella è dovuto intervenire *in extremis* sul testo per sottolineare come il nostro paese si sarebbe mosso «con gli obblighi derivanti dall'appartenenza all'Unione Europea». Secondariamente, le dimensioni delle intese commerciali hanno raggiunto solo i 2,5 miliardi di euro. Briciole, se paragonate per esempio al valore totale dei contratti che Xi Jinping ha siglato in Francia (paese che non ha firmato il memorandum con la Cina) due giorni dopo aver lasciato l'Italia, stimato in 30 miliardi di euro.

In tutto, a Roma, tra Italia e Cina sono stati firmati diciannove accordi istituzionali (dal fisco alla salute, dall'innovazione alla cultura, fino all'agroalimentare) e dieci commerciali (dai porti all'energia fino alla promozione dello stile di vita italiano in Cina). Tuttavia, l'intesa che ha ottenuto l'eco maggiore tra i confini della Repubblica popolare – tanto da conquistare ampio spazio sugli organi di stampa e sui social, fino a essere notificata capillarmente ai possessori di smartphone – è stata quella relativa alla restituzione da parte nostra di 796 reperti archeologici cinesi trafugati nei secoli scorsi. L'Occidente, ora che il Celeste Impero si sta riprendendo il posto che gli spetta nel mondo, gli restituisce ciò che è suo di diritto: un grande successo propagandistico per Xi Jinping.

Le questioni legate al memorandum firmato dall'Italia che hanno irritato Unione europea e Stati Uniti sono state principalmente due: il muoversi in autonomia da parte del nostro paese in un'operazione che in qualche modo comporta uno scarto rispetto alle tradizionali alleanze del contesto atlantico e l'aver inserito la parola «telecomunicazioni» nel documento, nonostante l'esclusione del tema 5G dai ventinove accordi.

Gli Usa su questo punto sono sembrati inflessibili e, sebbene al momento non siano state ancora trovate prove a sostegno di questa tesi, non perdono occasione di sottolineare quanto compagnie cinesi come Huawei e ZTE costituiscano un pericolo per l'Occidente. Secondo Washington, «nasconderebbero dei software nelle proprie infrastrutture per consentire al governo cinese di appropriarsi di dati sensibili trasmessi attraverso le reti». L'amministrazione Trump ha addirittura ventilato una possibile interruzione della collaborazione tra l'intelligence americana e quella dei paesi europei che affidano gli appalti ai colossi cinesi delle telecomunicazioni.

Per ora, pur avendo espresso preoccupazione per i rischi denunciati dagli Usa, la Ue non ha ceduto alle pressioni dello storico alleato. Parigi, Berlino e Londra hanno scelto di consentire a Huawei di partecipare alle gare d'appalto per il 5G, applicando però regole e controlli molto stringenti a garanzia della sicurezza delle loro reti. L'Italia ha per ora deciso di attivare il *golden power*, ovvero i poteri speciali che consentono al governo di blindare una società qualora sia in pericolo l'interesse nazionale. Le azioni coinvolgono diversi operatori e si concentrano sui contratti di Wind e Fastweb, rispettivamente con le cinesi Huawei e ZTE.

In Italia, entrambe le compagnie sono *players* molto importanti per il settore delle telecomunicazioni. Insieme realizzano un fatturato di poco inferiore ai 2 miliardi. Huawei, oggi, è già tra noi. Lavora per sviluppare le enormi potenzialità della rete 5G: lo sta facendo nella nostra città più aperta e dinamica, Milano, e nell'area Bari-Matera, con un investimento da 60 milioni. Con trentotto partner industriali sta lavorando alla realizzazione di una quarantina di progetti che vanno dalla sicurezza alla sanità, disegnano le smart city del futuro con le loro avveniristiche reti di trasporto. Huawei è già partner di Enel, Terna, Fastweb, Ferrovie dello Stato, Telecom; assiste con i suoi prodotti tecnologici tutti gli uffici di Poste italiane. A Segrate e a Pula, in Sardegna, il colosso cinese foraggia due grandi centri di ricerca attraverso investimenti milionari. Nell'innovativa struttura sarda è attivo l'Intelligence Operation Center, un supercomputer che non ha eguali in Europa, un gioiello tecnologico che gestisce e controlla tutti i servizi del Comune di Cagliari. E il progetto è solo all'inizio: l'isola potrebbe trasformarsi nella prima *smart region*.

Non ci si deve stupire davanti a queste informazioni. Anche se spesso conserviamo un'idea della Cina ancorata alla situazione di una quindicina d'anni fa, quando era la «fabbrica del mondo», in realtà il Dragone è molto più all'avanguardia e proiettato nel futuro di quanto siamo soliti pensare.

III

L'altra metà di Internet

> Un americano dice a un cinese: «Io ho il coraggio di sfanculare Obama». Poi guarda l'altro, che a quel punto risponde: «Anch'io».
>
> BARZELLETTA CINESE

Prima di partire per la Cina è necessario compiere un'importante operazione preliminare: scaricare un VPN per aggirare il Great Firewall cinese, il sistema di censura di Internet che rende irraggiungibili molte pagine web e social network in voga in Occidente. Il VPN, acronimo di Virtual Private Network, serve a superare il blocco sui contenuti online messo in campo dal governo cinese.

Mi sono preparata al mio ultimo viaggio cinese, nell'estate del 2019, scaricando ben due diversi VPN, ma spesso non c'è stato niente da fare. Uno, due, tre, quattro tentativi di connessione al server di Santa Monica o Manchester. Due, otto, dieci, quindici minuti di attesa. Staccavo il wi-fi e usavo il 4G. La risposta era comunque un insistente e irritante «*Loading. Not connected*». Alcune sere ho impiegato anche quarantacinque minuti per avere accesso al «mio» mondo digitale. Si tratta di una situazione estenuante e a dir poco paradossale, perché la Cina è attualmente il paese con più utenti Internet al mondo. Sono poco meno di novecento milioni, il 99,1 per cento dei quali utilizza lo smartphone per connettersi. Significa che il 61,2 per cento della popolazione dispone di una connessione e con questa è in grado di fare praticamente tutto. Non solo: il Celeste Impero è all'avanguardia nella corsa al 5G. Il 1° novembre 2019 in una cinquantina di città, tra cui Pechino, Shanghai, Guangzhou e Shenzhen, sono state attivate stazioni base per garantire la copertura della rete 5G anche nelle principali aree periferiche.

Il controllo di Internet per il governo cinese è fondamentale. «Non c'è sicurezza nazionale senza sicurezza online» ha dichiarato il presidente Xi Jinping nel febbraio 2014 durante la prima riunione del Gruppo centrale per l'informatizzazione e la sicurezza di Internet, un organo da lui creato e presieduto che regola e supervisiona la censura della rete. La frase riassume bene la filosofia che ispira il rapporto del governo cinese con Internet, soprattutto perché il termine «sicurezza nazionale» assume significati diversi rispetto a quelli che ha in Occidente. Sia la Cina sia gli Stati Uniti, infatti, definiscono lo spionaggio e gli attacchi che avvengono in rete «cyber guerra», ma Pechino inserisce nel concetto anche gli «atti sovversivi» che possono mettere in discussione la legittimità politica e ideologica del partito. Per questo, il Partito comunista cinese, come in tutti i paesi di stampo socialista che si rispettino, ha sviluppato e utilizza per legittimarsi un forte apparato di propaganda e censura. Lo scopo è quello di controllare e guidare l'opinione pubblica, affinché non ostacoli la stabilità politica e sociale.

Per quanto riguarda la televisione, la radio, il cinema e le pubblicazioni su carta, il meccanismo censorio è ormai consolidato: sono gli stessi editori e produttori a chiedere modifiche ai contenuti da diffondere. Oppure capita che autori e giornalisti operino un'autocensura preventiva, per non offendere la sensibilità del partito e ficcarsi in qualche guaio. La rete rimane invece il vero campo di battaglia per le strategie di controllo governative, perché ha consentito ai cinesi di affacciarsi per la prima volta sul palcoscenico della vita pubblica.

Si tratta di una sfida che il governo ha accettato, e probabilmente vinto, anche perché la creazione di un «sistema chiuso» ha contribuito a produrre un ambiente favorevole allo sviluppo di piattaforme autoctone.

Sembra non mancare nulla all'Internet cinese. C'è un motore di ricerca rapido ed essenziale, Baidu, che celebra le grandi occasioni storiche con originali ritocchi al suo logo al centro della pagina immacolata, esattamente come fa Google con i suoi «scarabocchi» (*doodles*): per l'anniversario della Repubblica popolare, il 1° ottobre 2019, la scritta Baidu ha accolto un evidente 70 al centro, contornato da immagini che richiamano il passato (fazzoletti rossi, spighe di grano) e altre che guardano al futuro (treni ad alta velocità, moduli lunari). C'è un'enorme raccolta di video, YouKou, che in apparenza non ha nulla da invidiare a YouTube; RenRen è il gemello cinese di Facebook e, come la creatura di Mark Zuckerberg, ha recentemente perso attrattiva tra i *netizens* più giovani; per gli amanti dei cinguettii digitali esiste la piattaforma Weibo, protagonista nel 2018 di una clamorosa vicenda di censura, con la decisione, subito rientrata, di bloccare tutti i contenuti a tema gay. Infine, ci sono Sina, Alibaba e Tencent, le start-up cinesi più longeve. Lanciate tra il 1997 e il 1999, col tempo si sono trasformate in alcune delle più importanti aziende a livello globale, contribuendo al successo del Dragone.

L'origine politica e ideologica della censura online in Cina viene fatta risalire convenzionalmente alla famosa frase di Deng Xiaoping, pronunciata all'inizio degli anni Ottanta: «Se si aprono le finestre, entreranno sia l'aria fresca sia le mosche». Le mosche, in questo caso, sono i cosiddetti «temi sensibili», le idee che potrebbero contaminare e traviare il popolo, secondo il Partito comunista cinese: le immagini violente, la pornografia, la democrazia, le informazioni sulla provincia dello Xinjiang dove vive la minoranza musulmana degli uiguri, le notizie relative agli alti funzionari di partito e ai loro famigliari, l'autodeterminazione dei popoli, le manifestazioni a Hong Kong, e su tutto, le «tre T»: Tibet, Taiwan e Tienanmen.

Con la crescente diffusione dell'utilizzo di Internet, per il Partito comunista è diventato sempre più urgente creare uno strumento di controllo per gestire le informazioni all'interno del paese. Le prime contromisure al riguardo sono state prese dal ministero di Pubblica sicurezza nel 1998, con l'ideazione del 金盾工程 (*Jīndùn gōngchéng*), ovvero il «Progetto ingegneristico dello scudo d'oro», una sorta di «zanzariera» grazie alla quale evitare l'ingresso delle «mosche» nel paese. Il sinologo australiano Geremie Barmé, in un articolo pubblicato sulla rivista americana «Wired», ha ribattezzato il sistema elaborato dal governo di Pechino «Great Firewall» (Grande muraglia di fuoco) per richiamare il ruolo protettivo svolto dall'antica Grande Muraglia cinese.

Sperimentato nel 2003 e diventato completamente operativo nel 2006, negli anni si è trasformato in una vera e propria infrastruttura capace di bloccare in maniera sempre più chirurgica parole chiave, immagini e l'accesso a determinati domini sul web. Questa, per certi versi, è la forma di controllo più grossolana, a cui nel tempo sono stati affiancati strumenti sempre più raffinati, come per esempio la presenza del «Partito dei 50 centesimi» (五毛党, *Wǔmáo dǎng*), un vero e proprio «esercito» di utenti del web remunerati dal governo. Il nome deriva dal compenso che ricevevano inizialmente, circa 600 RMB (oggi circa 75 euro) al mese con un incentivo di 50 centesimi di RMB per ogni commento postato.

«L'esercito dei 50 centesimi» si occupa di scandagliare e rettificare le opinioni dei naviganti cinesi: non cancella le informazioni e i post, ma scrive commenti di sostegno al governo e cerca di sviare l'attenzione dell'opinione pubblica, soprattutto quando c'è il rischio che possano montare proteste o altre attività potenzialmente destabilizzanti per il sistema.

Negli ultimi anni sono emerse anche società di «poliziotti informatici» che scandagliano la rete per conto di aziende private, cercando di ripulirla da elementi negativi, per salvaguardare le coscienze dei cinesi. Rispetto al primo filtro del Great Firewall, svolgono un lavoro di setaccio più raffinato. Addestrano anche le intelligenze artificiali perché imparino a perquisire il web con i loro algoritmi per scovare riferimenti al presidente Xi Jinping, cassare eventuali soprannomi divertenti – tuttavia irriguardosi – che gli vengono attribuiti ed eliminare qualsiasi riferimento alle «tre T», al sesso e alla violenza.

Nell'estate del 2017 ha destato clamore il caso della cancellazione dalla rete cinese di ogni immagine dell'orsetto della Disney, Winnie the Pooh. Scomparso, letteralmente estinto, anche nei riferimenti scritti. Come se non fosse mai esistito. Perché tanto zelo nei confronti di un orso di fantasia nato nel 1926 e ritornato in voga dopo qualche restyling a cavallo del nuovo millennio? Semplice, Winnie veniva utilizzato dai *netizens* per sbeffeggiare Xi Jinping, facendo leva su una possibile somiglianza tra la sua forma fisica e quella del presidente cinese. Vale davvero la pena fare lo sforzo di inserire in un motore di ricerca la chiave con il nome del leader insieme a quello del plantigrado colorato perché esiste addirittura un accostamento di coppia: Xi Jinping e Obama con a fianco Winnie e il suo slanciato amico Tigro.

Secondo uno studio condotto presso l'università di Harvard nel 2016 dai professori Gary King, Jennifer Pan e Margaret Roberts, i dipendenti pubblici cinesi, mascherati da normali cittadini, generano 448 milioni di commenti all'anno, la metà dei quali è pubblicata su siti controllati dal governo, mentre il resto finisce su siti commerciali.

Si tratta di una modalità che ormai è comune anche da

noi – basti pensare alla diffusione degli account fasulli e delle *fake news* mirate –, solo che in Cina tali pratiche sono operative già dal 2006, senza che nessuno abbia mai fatto nulla per occultarne l'esistenza: risalgono addirittura al 2004 alcune linee guida sulla censura di Internet, in cui le autorità chiedevano alle università cinesi di reclutare commentatori che potessero guidare le discussioni online in direzioni politicamente accettabili e arginare le proteste che pullulavano sul web in seguito alla scoperta di gravi fenomeni di corruzione e di malgoverno da parte di funzionari locali.

Non stupisce, quindi, che la Cina, soprattutto dall'avvento della presidenza di Xi Jinping, abbia non solo continuato a difendere il suo capillare sistema di censura, ma abbia anzi iniziato a rivendicare con orgoglio la sua visione di una «sovranità su Internet», fino a farne un modello. In effetti, ormai, la cosiddetta «amministrazione cibernetica con caratteristiche cinesi» è diventata davvero un paradigma a cui molti, nel mondo, guardano con interesse.

L'ascesa al potere di Xi Jinping ha comportato un inasprimento delle pratiche censorie e molti analisti sono unanimi nell'affermare che la stretta sui media sia un importante tratto distintivo dell'era di Xi. In fondo, il «Presidente del Popolo» è stato chiaro fin da subito, dichiarando che «tutti i media devono servire il partito». Grande clamore ha destato la visita, il 19 febbraio 2016, nelle sedi delle tre testate giornalistiche nazionali più prestigiose: il «Renmin Ribao» (Il Quotidiano del popolo), la «Xinhua» (qualcosa di simile a un'agenzia Ansa cinese) e la CCTV (la Tv di Stato). Davanti alle redazioni al completo Xi ha ricordato come l'universo dei media abbia il dovere di seguire le direttive politiche del partito, guidare l'opinione pubblica e fare della «propaganda positiva» l'elemento fondante nella produzione dell'informazione.

Per Xi Jinping non esiste differenza tra il mondo reale e il mondo virtuale, entrambi devono rispecchiare gli stessi valori e gli stessi standard politici. La rete cinese, quindi, deve essere ripulita da influenze esterne, sia per una questione ideologica (le libertà civili occidentali sono un impedimento alla realizzazione del Sogno cinese), sia per una questione economica (nella corsa alla leadership tecnologica mondiale devono essere le aziende cinesi a dominare l'economia online in rapida crescita). Nel mondo virtuale, così come nel mondo reale, il PCC si è mosso per silenziare le voci critiche e per mobilitare i membri del partito, affinché sostengano i valori autoctoni e impediscano alle idee straniere di influenzare negativamente la vita politica e sociale cinese. La sfida più difficile, per la leadership del Dragone, è pertanto quella di mantenere i vantaggi che Internet offre, nei settori del commercio e dell'innovazione, senza però permettere alla tecnologia di accelerare il cambiamento politico.

Nel 2013, l'anno in cui Xi diventa presidente della Repubblica popolare cinese, sono state diffuse le «sette linee base»,[19] una serie di nuove regole rivolte agli utenti del web che indicano cosa è giusto o sbagliato scrivere per avere un corretto comportamento online e per essere «costruttori di un ambiente digitale sano». La natura dei contenuti è diventata quindi perseguibile a norma di legge.

Le reazioni sono state immediate: la società tecnologica cinese Sina, per esempio, nel giro di pochissimo tempo ha chiuso 100.000 account su Weibo, ritenuti non conformi alle nuove direttive. Gli influencer cinesi hanno battuto in ritirata e hanno iniziato a dirigere le loro discussioni sempre più verso tematiche di carattere personale, alla larga dai temi sensibili. Nel 2015, poi, il governo ha dato un giro di vite ai VPN utilizzati dagli utenti per aggirare il Great Fire-

[19] Si tratta delle linee base relative a leggi e regolamenti, al sistema socialista, agli interessi nazionali, ai diritti e agli interessi legali dei cittadini, all'ordine pubblico, alla morale, alla precisione delle informazioni.

wall, lasciando di stucco coloro che, fino a quel momento, avevano creduto che i vantaggi economici procurati alla Cina (i VPN sono utilizzati per esempio dalle banche e dalle multinazionali occidentali) fossero talmente importanti da garantire loro una sorta di salvacondotto.

Per noi occidentali che frequentiamo il Celeste Impero, l'Internet cinese si dimostra spesso uno strumento in buona sostanza inutile: a Pechino quasi tutte le pagine che siamo soliti consultare abitualmente non sono raggiungibili. Niente Facebook, Instagram, Twitter, Google (e quindi niente Gmail, Google maps, Google drive, Hangouts...), YouTube, Vimeo, Wikipedia, Wordpress, Telegram, iMessage, Pinterest, WeTransfer, BBC, Netflix, Dropbox, «The New York Times»... La chat di WhatsApp funziona a singhiozzo ed è sempre impossibile fare chiamate e ricevere allegati. Nell'aprile 2016 il governo americano ha dimostrato come otto dei venticinque siti più utilizzati al mondo risultino non raggiungibili sul territorio cinese. A settembre 2019 secondo alcune stime erano bloccati circa diecimila domini. Siamo di fronte, secondo Washington, al sistema di censura più grande al mondo e, soprattutto, a un clamoroso imbroglio nei confronti del commercio globale, per gli indubbi vantaggi che ne traggono le imprese del Dragone.

Lo sterminato mercato cinese è fortemente attrattivo per le aziende occidentali, che si vedono costrette a scendere a patti – non senza contraccolpi di immagine presso le opinioni pubbliche dei loro paesi – con il pervasivo sistema di filtri e controlli, e di limitazioni alla libertà, ideato dalla Cina. Clamoroso, nel 2010, il trasloco effettuato da Google sui server di Hong Kong, su suggerimento del governo cinese, proprio per aggirare il Great Firewall, così come, nel 2016, il ritiro da parte di Apple della app per dispositivi mobili del «New York Times» dallo *store* cinese dell'azienda di Cupertino.

Un caso ancora più eclatante risale al 2003, con l'arresto del dissidente Wang Xiaoning da parte della polizia cinese, condannato in seguito a scontare dieci anni di reclusione. In aiuto al governo di Pechino nelle operazioni di polizia che condussero all'arresto corse allora il portale Yahoo!, che comunicò alle autorità i dati personali del ricercato, diventando complice della sua cattura. Il capo di imputazione di Wang, «articoli sovversivi distribuiti in rete», suonò ovviamente stonato per chiunque avesse a cuore la libertà di espressione. La difesa di Yahoo! di allora fu simile a quella di tanti altri operatori coinvolti in analoghe vicende: per lavorare in Cina non si può che collaborare con la polizia cinese.

Con tutti gli strumenti elencati, quindi, la Cina protegge il proprio mercato, favorisce lo sviluppo di aziende statali e mantiene un controllo sulle informazioni che circolano nel tessuto sociale del paese. Ma come si rapportano i cittadini cinesi con la censura? Hanno spesso piena consapevolezza della sua esistenza, ma la ritengono una cosa normale. Destò sorpresa il concetto che il premio Nobel per la letteratura Mo Yan espresse una settimana prima di ritirare a Stoccolma il prestigioso riconoscimento, nel 2012. Sebbene nel corso della sua carriera avesse in più di un'occasione testato il peso opprimente del controllo statale sui suoi testi, paragonò la censura ai controlli aeroportuali a cui deve essere sottoposto ogni viaggiatore. Una questione di sicurezza, nient'altro che una normalissima prassi cui attenersi.

La maggioranza dei cinesi sembra vederla nello stesso modo. Negli ultimi decenni il governo ha favorito concretamente gli interessi di gran parte della popolazione, accanendosi su gruppi minoritari ritenuti potenzialmente forieri di disordini. Nonostante la stretta su Internet, quindi, il cittadino cinese medio non ha percepito attorno a sé alcun deficit di libertà. In fondo può accedere a tutto un mondo di app e di siti parallelo e totalmente indipendente dal nostro.

Tuttavia, esiste una minoranza che osa sfidare la censura e che, oltre a utilizzare i già citati VPN, ha sviluppato dei linguaggi cifrati da usare online, in grado di passare indenni attraverso il setaccio governativo.

Alcuni utenti hanno inventato dei modi completamente nuovi per riferirsi alle questioni sensibili. Per esempio, il 4 giugno, anniversario dei fatti di piazza Tienanmen, in rete è diventato il «35 maggio». Altri hanno giocato sull'omofonia che una lingua come il cinese permette, altri ancora hanno lavorato sulla somiglianza visiva tra i caratteri.

Il mandarino è una lingua che contiene un numero di suoni limitati, che si moltiplicano perché ognuno di loro può essere pronunciato con quattro toni diversi (esiste anche il tono neutro), dando vita di volta in volta a un significato e una forma grafica differente.

Un bell'esempio è quello che ci vuole:

Mā, primo tono, scritto così 妈, significa «mamma».
Má, secondo tono, scritto così 嘛, significa «canapa».
Mǎ, terzo tono, scritto così 马, significa «cavallo».
Mà, quarto tono, scritto così 骂, significa «insultare».
Ma, tono neutro, scritto così 吗, è una particella interrogativa.

Una delle parole omofoniche più diffuse sull'Internet cinese è 河蟹 (*héxiè*), «granchio di fiume» ed è nata per prendere in giro la «società armoniosa», slogan dell'ex presidente della Repubblica Hu Jintao, che aveva tra i suoi obiettivi anche l'armonizzazione – leggi «censura» – della rete. Il termine ha infatti un suono somigliante a quello della parola 和谐 (*héxié*), «armonia» appunto, in nome della quale il governo cinese aveva deciso di censurare i termini volgari. Il granchio di fiume, di solito, si trova raffigurato mentre attacca un alpaca, per simboleggiare la lotta tra la libertà di espressione e la censura. L'alpaca, o meglio, l'animale mitologico che è stato inventato dagli utenti cinesi nel 2009 in seguito al lancio della Campagna di rettificazione dei contenuti volgari su Internet, si chiama «cavallo di fango e di erba» (草泥马, *cǎonímǎ*). Rappresenta la libertà su Internet perché ha un suono simile a 肏你妈 (*cào nǐmā*), che però significa «'fanculo a tua madre». Il messaggio finale, capace di filtrare oltre le maglie della censura, diventa quindi: «'fanculo all'armonizzazione».

Oltre ai giochi di pronuncia delle parole cinesi, anche il tratto grafico dei caratteri è un campo su cui i *netizens* del Celeste Impero fanno leva per eludere i controlli online. Molti ideogrammi, infatti, si assomigliano al punto che a volte anche i cinesi madrelingua finiscono per confonderli. Le parole in codice sfruttano queste somiglianze e ne approfittano per dare diffusione a concetti altrimenti vietati. Per esempio, i giocatori cinesi del videogioco «World of Warcraft», dopo essersi resi conto che molte parole anche apparentemente innocue erano state bloccate nella chat di gioco, hanno cominciato a usare il termine *mùtián*, che letteralmente significa «campo visivo», per indicare la «libertà». Perché mai? Semplice, «campo visivo» in caratteri si scrive 目田, mentre «libertà» diventa 自由. La differenza, come si può vedere, è minima e risiede solo in un tratto; quindi è possibile che sfugga alla solerzia della censura.

La rete in Cina non è quindi, come si potrebbe pensare da fuori, soltanto una landa triste e desolata dominata da orde di censori nazionalisti. Lo scrittore cinese Yu Hua, nella sua raccolta di saggi e articoli *Mao Zedong è arrabbiato*, utilizza una metafora molto efficace per descriverne le dinamiche: «Il popolo della rete affronta i funzionari governativi come il topo fa con il gatto». Ecco perché il web cinese rimane uno spazio anche mentale di grande creatività. In rete nascono e trovano spazio migliaia di nuove opere letterarie, grazie alla rete si stanno sviluppando le condizioni per fare della Cina una società sempre più smart, almeno a livello tecnologico, cavalcando le autostrade telematiche nascono ogni giorno nuove start-up destinate a trasformarsi in colossi hi-tech mondiali, anche grazie allo scudo protezionistico che il Great Firewall ha garantito.

Le più importanti realtà di questo settore sono le cosiddette BAT, ossia Baidu, Alibaba, Tencent, i colossi nazionali che sono stati favoriti dal blocco imposto dal PCC alle aziende hi-tech straniere, e nel contempo agevolati nella quotazione sui mercati stranieri e nell'accesso a capitali esteri per espandere il loro business sul mercato interno.

Ora, è evidente come Pechino, per costruire e raffinare un centro di controllo così complesso, abbia investito e investa moltissime risorse, che affiancate agli investimenti per altri progetti – come per esempio Made in China 2025, di cui parleremo nei prossimi capitoli – favoriscono l'affermazione nel mondo di un sistema tecnologico all'avanguardia, rigorosamente «con caratteristiche cinesi».

La rivoluzione digitale

Nel 2015 i cinesi uscivano di casa senza portare con sé il portafoglio e i contanti, perché era già diffusa l'abitudine di pagare ovunque con il telefonino. Oggi il Celeste Impero è a tutti gli effetti una *cashless society*. Tramite smartphone, grazie all'applicazione WeChat (微信, *Wēixìn* in cinese) è possibile fare tutto. Pubblicare video, post e foto, scrivere messaggi, effettuare chiamate vocali e video, fissare visite mediche, pagare le bollette, ordinare cibo, chiamare un taxi, pagare il conto al ristorante, fare un prestito a un amico, inviare messaggi vocali (un'invenzione proprio di WeChat, per velocizzare le comunicazioni scritte rese macchinose dai complessi ideogrammi del mandarino, cui la nostra WhatsApp si è presto accodata), acquistare i biglietti per cinema e teatro, cercare l'anima gemella, ascoltare musica, pagare le tasse, prenotare una vacanza in albergo, comprare il biglietto aereo o ferroviario, sfidarsi in un videogame, fare il check-in in aeroporto, e così via.

Tutto ciò è realizzabile usando un unico social network, molto più articolato di quelli a cui siamo abituati noi occidentali. Grazie ai cosiddetti «miniprograms», ovvero delle applicazioni «leggere» di cui fruiscono gli utenti senza uscire dall'ecosistema dell'app, Wēixìn permette infatti a ogni tipo di azienda di creare un e-commerce associato al proprio brand direttamente nella pagina profilo di WeChat. Gli account sono muniti di un QRCode personale e di un «portafoglio», WeChatPay, collegato a un conto bancario. Scannerizzando questi QRCode o quelli stampati sui prodotti è possibile trasferire somme ai contatti ed effettuare acquisti online e offline. Nel 2018 questo sistema di pagamento ha registrato in media 1,2 miliardi di transazioni al giorno. Grande è stata la sensazione di disagio che ho provato facendo compere con i contanti nel 2019, per non parlare dello stupore di quando ho incrociato un mendicante che al posto della ciotola per l'elemosina esibiva un cartellino con stampato un QRCode. Lo scambio di denaro virtuale avviene, infatti, tramite la scansione dei codici stampati sui prodotti o, sempre di più, tramite riconoscimento facciale.

Wēixìn è una creatura della società Tencent di Ma Huateng, detto anche Pony Ma, che nel 2018 è risultato essere l'uomo più ricco della Cina. L'applicazione è stata sviluppata in poco più di due mesi, nel 2011, mentre la società stava attraversando un momento complicato. Ha finito invece per cambiare per sempre le abitudini di vita dei cinesi.

Il presente della Cina è fatto di sforzi collettivi, ma anche di uomini e donne fuori dal comune. Ha senso soffermarsi per qualche riga sulla vicenda di questo imprenditore. Ma Huateng nasce a Shantou, nella provincia meridionale del Guangdong, nel 1971 e fonda la Tencent nel 1998 a Shenzhen, diventata ormai la Silicon Valley cinese, assieme a tre compagni del corso di informatica che frequenta all'epoca. Il nome cinese dell'azienda 腾讯 (*Téngxùn*) letteralmente significa «un'era in cui i messaggi corrono alla velocità di 10.000 cavalli»: quando si dice saper guardare lontano. È figlio del dirigente di un'importante società cinese e di una donna in carriera che col tempo è diventata responsabile legale della sua azienda. Si dimostra prima un bambino giudizioso, poi uno studente universitario talentuoso, infine un imprenditore sempre elegante, riservato e pragmatico.

Tencent inizia la sua attività producendo il software di messaggistica QQ, che ha la particolarità di permettere agli utenti di registrare un account su server e non sul proprio computer. Una rarità in quegli anni, perché consentiva lo scambio in chat anche tra computer e cellulari e la possibilità di utilizzare software di giochi e gadget. I primi introiti per Ma Huateng e i suoi soci arrivano proprio da queste ultime opzioni.

Nei primi anni Duemila Tencent vive una fase difficile, perché diventa sinonimo di contraffazione e violazione di copyright. Tuttavia, Ma Huateng non si perde d'animo e nel 2011 ha inizio un'altra storia: Tencent lancia Wēixìn. Per Tencent si tratta dell'ingresso in una nuova era e lo sarà, come abbiamo visto, per l'intera Cina. L'azienda di Ma Huateng dimostra di essere vincente e di sapersi rinnovare continuamente. Oggi la sua offerta include: social network, musica, giochi online multiplayer, portali web, e-commerce, sistemi di pagamento, smartphone. Il colosso, inoltre, impegna svariate risorse nella ricerca sullo sviluppo dell'intelligenza artificiale (AI). Recentemente ha anche acquisito il 10 per cento della casa di produzione cinematografica americana Skydance Media che, tra le altre cose, ha prodotto pellicole come *Mission Impossible* e *Star Trek*.

La rivoluzionaria app di Ma Huateng, probabilmente, non avrebbe avuto la stessa efficacia se prima del 2011 non fosse esistita Alibaba, altra azienda *monstre*, fondata da un altro cinese di nome Ma, una figura decisamente agli antipodi rispetto allo schivo Ma Huateng.

Jack Ma, il fondatore di Alibaba, è l'esempio perfetto del self-made man cinese. Grazie al suo fisico da folletto, al suo entusiasmo, all'impertinenza, al buon umore e all'ironia è riuscito a fare di sé un personaggio pubblico interessante ed eccentrico, forse l'ingrediente più importante per il successo della sua creatura. C'è un aneddoto in grado di far capire che tipo sia: nel 2014, subito dopo il trionfo della quotazione da venticinque miliardi di dollari della sua società a Wall Street, all'incredulo giornalista della CNBC che lo intervistava ha dichiarato che negli anni il suo eroe ispiratore non è stato un grande capitano d'industria, ma Forrest Gump. Probabilmente, alcuni lettori ricorderanno anche che il 10 settembre 2019, giorno del suo cinquantacinquesimo compleanno, Jack Ma ha lasciato la carica al vertice dell'azienda, come promesso più volte in passato, dicendo di non voler passare tutta la vita a lavorare per Alibaba e di volersi dedicare alla sua fondazione di beneficenza, la Jack Ma Foundation, nata nel 2014 per promuovere l'educazione nella Cina rurale. Il modello, questa volta, sembrerebbe essere Bill Gates.

Simpatico ed empatico, padrone di un perfetto inglese, Jack Ma è riuscito a diventare un vero e proprio guru «100 per cento made in China». È corteggiato dai governi (per un periodo è addirittura diventato uno dei consiglieri economici dell'ex inquilino di Downing Street, David Cameron) e ormai da anni incontra e dà del tu a primi ministri e presidenti, frequentati nelle vesti di ambasciatore del business cinese. È stato intervistato da Obama e ha conosciuto anche Donald Trump, al quale ha promesso un milione di posti di lavoro negli Stati Uniti, ma a cui non ha fatto mancare, nel contempo, una dura critica per le prese di posizione antiglobalizzazione. Mr Alibaba sostiene infatti che la globalizzazione sia l'unica via percorribile e, soprattutto, che «per i prossimi vent'anni sarà guidata dagli uomini d'affari», non più dalla politica.

Jack Ma – in cinese Ma Yun, «cavallo-nuvola» – nasce a Hangzhou, la capitale dello Zhejiang, provincia del Sudest della Cina, a circa 100 chilometri da Shanghai, il 10 settembre 1964. È figlio di un'operaia e di un fotografo appassionati di *pingtan*, una forma di spettacolo cinese che consiste nella narrazione di storie recitate o cantate con o senza accompagnamento musicale.

La bellezza di Hangzhou e la politica della porta aperta voluta da Deng Xiaoping alla fine degli anni Settanta permettono a Jack Ma di entrare da subito in contatto con i turisti stranieri: per nove anni si sveglia all'alba e pedala quaranta minuti per raggiungere l'Hotel Hangzhou e accompagnarli in un tour gratuito in cambio di un po' di pratica della lingua inglese.

Negli anni Ottanta, fra i tanti turisti incontra la famiglia Morley, che si affeziona a lui e nel 1985 lo invita nella sua casa di New Lambton, in Australia. Durante gli anni dell'università, i Morley pagano a Jack Ma addirittura le spese per il dormitorio.

Dopo diverse bocciature scolastiche e numerosi rifiuti lavorativi, la prima svolta arriva nel 1995: va in missione a Seattle come interprete per una delegazione commerciale e scopre Internet. Un amico lo fa sedere davanti a un computer e gli mostra come si fa una ricerca. Jack Ma inserisce nel motore la parola «birra» e scopre che su Internet non esiste nessun dato riferito alla Cina. Scatta l'intuizione decisiva.

Quando torna in patria decide di indicizzare online, in lingua inglese, le aziende cinesi che cercano clienti all'estero. La sua idea però non funziona e, dopo aver provato altre strade, si trasferisce a Pechino per lavorare al ministero per il Commercio estero. Attività frustrante, ma in grado di favorire, ancora una volta, nuove opportunità: nel 1997

Jack Ma incontra Jerry Yang – cofondatore di Yahoo!, allora un vero gigante della rete – durante il suo primo viaggio in Cina. Qualche anno dopo, proprio Jerry Yang consegnerà a Jack Ma un miliardo di dollari e il business cinese di Yahoo! in cambio del 40 per cento di Alibaba.

Il 21 febbraio 1999 Jack Ma convoca nel suo appartamento a Hangzhou un gruppo di amici che hanno lavorato con lui a China Pages, la sua prima azienda. È talmente convinto di quello che sta per fare che chiede di essere filmato mentre pronuncia il discorso di fondazione di Alibaba (e già la scelta di un nome che riprende una fiaba per bambini conosciuta in tutto il mondo fa capire bene quali siano le sue ambizioni): «Oggi siamo qui per discutere di quello che dobbiamo fare nei prossimi cinque-dieci anni. Cosa diventerà Alibaba in futuro? Da quando lavoriamo in China Pages ho sempre sostenuto che i nostri competitor non si trovano in Cina, ma nella Silicon Valley. Quindi, per prima cosa dobbiamo posizionare Alibaba tra i siti globali, non tra quelli cinesi. Secondariamente, dobbiamo imparare lo spirito del duro lavoro della Silicon Valley. Se veniamo in ufficio alle otto e torniamo a casa alle cinque del pomeriggio, Alibaba non potrà mai avere successo. Gli americani sono bravi nell'hardware e nei sistemi, ma nei software e nella gestione delle informazioni i cervelli cinesi non hanno niente da invidiare a quelli americani. Per questo dobbiamo avere il coraggio di sfidare i nostri rivali. Sono convinto che se saremo una buona squadra e sapremo cosa vogliamo, uno di noi possa valere come dieci di loro».[20]

Alibaba nasce come sito in grado di aiutare le imprese locali, spesso di piccole dimensioni, a vendere i propri prodotti sul web. «I soldi non si fanno cacciando le balene, ma pescando i gamberetti» diceva Forrest Gump, l'ispiratore

[20] https://www.youtube.com/watch?v=Up9-C4_8dVo&t=1s

di Jack Ma. Frase che lui cita spesso, perché Alibaba punta proprio a mettere in comunicazione tra loro i «gamberetti» dell'economia cinese, non le «balene». Ci riesce grazie a quelli che sono i tre veri cardini del successo della compagnia: l'e-commerce, la logistica e l'economia. Il cosiddetto «triangolo di ferro».

Partiamo dall'e-commerce: Alibaba è una piazza in cui i diversi venditori offrono la propria merce e si fanno concorrenza al ribasso. Con gli anni, la creatura di Jack Ma è stata capace di differenziare il prodotto, adattandolo alle esigenze del mercato cinese: nel 2003 ha creato Taobao, nel 2008 Tmall.

Taobao, letteralmente «cercare un tesoro», è la risposta cinese a eBay, ma a differenza di eBay non prende commissioni sulle transazioni e non si occupa di aste. Su Taobao chiunque può aprire un suo negozio virtuale e può vendere qualsiasi cosa: saune pieghevoli e portatili, peti in bottiglia, aerei, orecchini realizzati con zanzare morte, dispenser per il sapone a forma di naso di Jackie Chan. «Qualsiasi cosa» su Taobao significa davvero «qualsiasi cosa».

Tmall, invece, è una sorta di centro commerciale del lusso online. Attraverso Tmall, i rivenditori di marchi di tutto il mondo possono aprire il loro negozio virtuale e accedere direttamente all'enorme mercato cinese.

Il secondo punto forte è la logistica: Alibaba ha da subito gestito in prima persona il trasporto delle merci attraverso la società Cainiao. Nel complesso, i quindici partner logistici che compongono Cainiao trasportano oltre trenta milioni di pacchi al giorno e danno lavoro a più di un milione e mezzo di persone in seicento città. Nel 2018 è iniziata la sperimentazione di un nuovo sistema di ricezione dei pacchi: viene installata fuori casa una cassetta della posta smart, che tramite riconoscimento facciale si apre e consente al corriere la consegna in assenza del cliente (che viene avvisato via cellulare).

Tutti questi efficienti meccanismi, tuttavia, non avrebbero ottenuto un successo così enorme senza l'altra idea rivoluzionaria di Jack Ma: Alipay, il terzo cardine.

Alipay, a cui si è in seguito ispirato WeChatPay, nasce nel 2004 come sistema di pagamento online simile a PayPal. Col tempo si è trasformato in una sorta di vero e proprio istituto bancario che gestisce più del 50 per cento delle transazioni online in Cina (nel 2018 hanno raggiunto i 41,51 trilioni di dollari).[21] Nota di colore: da qualche tempo Alipay, che permette i pagamenti tramite riconoscimento facciale, ha introdotto il «filtro bellezza». Sembra che gli utenti non si trovassero abbastanza belli sullo schermo al momento di confermare una transazione.

Come Tencent, anche Alibaba offre molti altri servizi: cinema, musica, programmi televisivi. Ha investito nel Guangzhou Evergrande Football Club, la squadra allenata da Fabio Cannavaro, e si è espansa anche nel mondo dell'editoria, acquistando il «South China Morning Post», il principale quotidiano in lingua inglese di Hong Kong. La chiave del successo di Alibaba è stata la capacità di comprendere il mercato cinese e le esigenze dei suoi utenti, ovvero di «cinesizzare» il *modus operandi* delle sue concorrenti. «eBay è come uno squalo nell'oceano» ha detto una volta Jack Ma. «Noi siamo un coccodrillo nel fiume Yangtze. Se combatteremo nell'oceano, perderemo. Ma se combatteremo nel Fiume Giallo, vinceremo.»[22]

Jack Ma, quindi, è un visionario che è stato capace di prevedere, di programmare sul lungo periodo. Poco prima di dimettersi da presidente di Alibaba, ha stupito tutti con alcune dichiarazioni a effetto. Durante un incontro con

[21] https://www.chinadaily.com.cn/a/201903/21/WS5c932294a3104842260b1cc9.html
[22] Porter Erisman, *Alibaba's World: How a Remarkable Chinese Company is Changing the Face of Global Business*, New York, St. Martin's Press, 2015.

l'amministratore delegato di Tesla, Elon Musk, alla World Artificial Intelligence Conference del 2019 a Shanghai, ha descritto l'avvento dell'intelligenza artificiale come qualcosa di molto positivo, in controtendenza rispetto a chi dipinge un futuro in cui la tecnologia sarà solo causa della carenza di posti di lavoro (la Banca mondiale ha stimato che l'automazione minaccia il 77 per cento dei posti di lavoro in Cina). Nella sua visione, lo sviluppo delle macchine pensanti ci regalerà più tempo per vivere con gioia la nostra condizione umana, così come l'invenzione dell'elettricità ha permesso in passato di avere più tempo libero.

IV

Notizie dalla fabbrica del futuro

> La Cina, con il suo numero di abitanti, è il più grande contenitore di dati del mondo ed è un paradiso per l'intelligenza artificiale.
>
> FENG JUFU, scienziato dell'università di Pechino

Rileggo il messaggio su WeChat per la terza volta. I caratteri dicono proprio così: «Scendi alla fermata Zhongguancun e sali al 38° piano. Ti aspettiamo».

Sbarco dalla carrozza nuova fiammante della metro – qui tutto è fresco d'inaugurazione – e inizio a seguire le indicazioni in cerca dell'uscita. Il corridoio è rivestito da piastrelle bianche scintillanti. Dopo la prima rampa di scale mobili, si allarga. Sui lati ci sono degli stand eleganti che vendono materiale elettronico. Zhongguancun è infatti il distretto tecnologico di Pechino. C'è di tutto: smartphone, cuffie, cavi, casse bluetooth, macchine fotografiche. Trovo finalmente l'uscita indicatami da Wang Fei, il mio contatto. Giro l'angolo aspettandomi l'ennesimo nastro trasportatore per salire in superficie e invece mi trovo davanti un muro di persone in fila in attesa dell'ascensore. Un ascensore che non arriva mai. Guardo il tabellone elettronico che segna i piani e capisco perché. 35, 34, 33, 32, pausa, 31, 30... La fermata della metropolitana è collegata direttamente con il grattacielo di quaranta piani in cui si trova l'azienda specializzata in intelligenza artificiale e riconoscimento facciale che sto andando a visitare.

Riesco finalmente a salire sull'ascensore e a raggiungere il 38° piano. Mi danno il benvenuto una porta automatica a vetri e un enorme gufo blu stilizzato appeso al muro dietro un bancone arancione. Si tratta del logo della compagnia.

Wang Fei arriva subito, mi stringe forte la mano e mi fa strada. È una ragazza giovane. Indossa una camicia bianca con sopra un gilet nero, una minigonna di jeans e un paio di sneakers bianche. Molto *cool*, non c'è che dire. Mi accompagna in un grande open space con almeno duecento persone sedute davanti a un computer. Mi mostra l'angolo relax, con le sue poltroncine, le *fitbike* e la vista dall'alto, mozzafiato, sul quartiere, poi inizia a illustrarmi le attività dell'azienda. Spiega che esiste una sede anche in California e che si occupano di riconoscimento facciale, geolocalizzazione e *voiceprint*, ovvero il «riconoscimento della voce».

Mi sento un pesce fuor d'acqua, faccio fatica ma vorrei capire a fondo. Fino a quel momento gli argini del mio cinese hanno retto bene, ora però, dentro questioni così complesse e tecnicismi, la mia accompagnatrice è costretta a venirmi in soccorso con qualche termine inglese. L'esempio che sceglie è il riconoscimento facciale: mi spiega che i computer non hanno ancora la precisione dell'essere umano. Mi accompagna da Xiao Jun, un ragazzo di ventiquattro anni che parla un inglese perfetto e si offre di farmi vedere in cosa consiste il suo lavoro. Lui è «l'addetto alle sopracciglia», ovvero trascorre la sua giornata a monitorare immagini, zoomare sulle persone che vi compaiono e contornare le loro sopracciglia. La collega accanto a lui compie lo stesso gesto, però il centro del suo interesse sono soltanto i nasi di chi compare sullo schermo. L'operatore della postazione a fianco, invece, si focalizza sugli alberi ai lati delle strade e via dicendo. Insieme raccolgono questi dati per etichettarli e insegnare alle macchine a essere infallibili nel riconoscere i volti umani e i luoghi.

In altri uffici compiono gesti simili per classificare le voci (isolano la traccia audio, specificano se è maschile o femminile, se ha uno sfondo sonoro o no, se possiede un accento eccetera), o mappare le strade e il traffico (in questo caso si tratta di dati che servono alle auto a guida autonoma). Insomma, censiscono, taggano l'esistente, tutto.

«Etichettiamo dati e informazioni che trasmettiamo ai computer perché vengano elaborati dall'algoritmo» mi dice Wang Fei. «Tutto è funzionale all'Internet delle cose, alle self-driving car, alle smart city e ai loro quartieri sicurissimi, in cui sarà possibile identificare i criminali grazie a un'immagine.»

Quella che ho visitato è una delle centinaia di migliaia di aziende che attualmente in Cina si occupano proprio di catalogazione di dati, per rendere sempre più accurate le tecnologie del futuro. Riconoscimento facciale e vocale, Internet delle cose, automazione, *big data*, tecnologia *blockchain*. La Cina, come abbiamo visto nei capitoli precedenti, punta a diventare un «paese innovativo» entro il 2020 e una nazione «leader nella tecnologia» entro il 2050. Un cosiddetto *data-tagger*, l'operaio della Nuova Cina addetto alla catalogazione dei dati, colui che sta rapidamente prendendo il posto della manodopera a basso costo della «fabbrica del mondo», può elaborare fino a quaranta foto al giorno, per uno stipendio mensile di circa 300 euro.

La corsa cinese ai *big data*, al riconoscimento facciale e all'intelligenza artificiale si inserisce in un progetto governativo, tradotto in una campagna vera e propria all'interno del Sogno cinese di Xi Jinping. Non è un caso che negli ultimi anni lo sviluppo di queste tecnologie sia stato propagandato attraverso iniziative ed eventi, e che l'AI sia diventata una materia di studio già a partire dall'istruzione primaria, con annesso monitoraggio degli alunni durante le lezioni attraverso «telecamere intelligenti».

Il riconoscimento facciale, nel Celeste Impero, è già realtà, con i più disparati utilizzi: nei convitti universitari non si sgarra più, le palazzine hanno rinunciato ai portieri ma grazie a questa tecnologia l'orario di rientro degli studenti è scientificamente registrato (e di conseguenza rispettato). Negli uffici e nelle aziende nessuno è costretto a esibire un badge di ingresso, è sufficiente uno sguardo nella videocamera. In molti attraversamenti pedonali di Shanghai, il volto di chi cammina senza rispettare le strisce viene riconosciuto e proiettato su schermi giganti, in una sorta di pubblica gogna cui fa seguito la classica contravvenzione.

Ho sperimentato personalmente la *face detection* al Beijing Capital International Airport, al momento del controllo passaporto, in piazza Tienanmen, per poter entrare nella zona antistante alla Porta della Pace Celeste e al famoso ritratto di Mao Zedong, nei bagni pubblici del Tempio del Cielo, sempre a Pechino, per ritirare la dose consentita di carta igienica e non prelevarne più del necessario (da regolamento: non più di 60 centimetri a utente ogni 9 minuti, chi si ripresenta per un'immediata nuova elargizione viene cortesemente invitato a «riprovare più tardi»).

Fermarsi in un angolo qualunque di Shanghai, Canton, ma anche di città più piccole come la capitale della provincia dello Yunnan, Kunming (che ha «solo» sei milioni di abitanti...), significa venir ripresi da più telecamere, essere scannerizzati e vedere i propri dati personali incrociati con altri dati sensibili, come l'acquisto di un prodotto o le informazioni raccolte in un momento di attesa prima che il semaforo diventi verde in un'altra zona della città.

Nel 2018 in Cina erano in funzione già duecento milioni di telecamere di sorveglianza. Ne verranno aggiunte altre, fino ad arrivare a una videocamera ogni tre persone.

Oltre a utilizzi pratici come il pagamento al ristorante o il monitoraggio degli ingressi negli uffici pubblici, nelle università, nelle banche e via dicendo, la *video recognition* trova applicazione soprattutto nello svolgimento di attività di controllo nel campo della sicurezza. Secondo le autorità cinesi consente infatti di prevenire varie forme di delinquenza e ostacola attività in grado di minare la «stabilità sociale». Inquadrare il volto di un individuo con precedenti penali mentre passeggia davanti a una banca potrebbe contribuire a sventare con largo anticipo e con un minimo impiego di risorse una potenziale rapina. Per controllare che tutto proceda senza incidenti – all'interno di stazioni, metropolitane e aeroporti, ovunque ci siano spazi non raggiungibili da telecamere fisse – i poliziotti cinesi hanno in dotazione degli occhiali su cui è montata un'unità mobile per il riconoscimento facciale, che rende molto rapida l'identificazione di individui sospetti.

Il campo di ricerca e sviluppo dell'AI è talmente vasto e importante che si estende anche al di fuori dei confini nazionali. Si pensi al ruolo di driver economico della Cina in Africa. Ebbene, le relazioni con i paesi africani comprendono anche sperimentazioni legate all'intelligenza artificiale. Lo Zimbabwe, per esempio, ha sottoscritto una partnership con una società cinese con sede a Guangzhou che intende perfezionare il suo livello tecnologico: il riconoscimento facciale applicato su una popolazione a maggioranza nera, secondo gli scienziati cinesi, consentirà infatti di classificare e identificare più chiaramente altre etnie.

La corsa all'AI, a oggi, coinvolge quindi già ogni aspetto della vita di un cittadino cinese: acquisti, investimenti, trasporti, educazione, formazione. Tutto questo ha un impatto sull'economia e si traduce in un nuovo balzo economico e tecnologico che punta a far diventare l'industria dell'intelligenza artificiale un traino per il prodotto interno lordo, come stabilito dal piano Made in China 2025. Le macchine intelligenti possono trasformarsi in un volano per la produzione manifatturiera, per le scienze medicali, per le ricerche aerospaziali, e, più in generale, per l'Internet delle cose, ma continueranno a essere anche un potentissimo strumento di controllo sociale, al servizio del Partito comunista cinese. Interessante il fatto che, a partire dal 1° dicembre 2019, le compagnie telefoniche hanno reso obbligatoria la scansione dei volti dei clienti che acquistano una nuova sim card.

L'innovazione tecnologica si innesta su un tessuto di sperimentazioni sociali di portata ben maggiore.

Dopo un primo programma pilota per misurare la condotta degli abitanti lanciato nel 2010 a Suining, città della Cina sudoccidentale, nel 2014 il governo cinese ha ufficialmente inaugurato su scala nazionale il «sistema dei crediti sociali», 社会信用体系 (*shèhuì xìnyòng tǐxì*), per una società virtuosa. È interessante notare come la parola *xìnyòng*, «credito» in mandarino, comprenda il senso di «affidabilità» e «sincerità», e abbia quindi un significato più ampio rispetto al termine inglese e italiano, contenendo un'accezione positiva.

Secondo il sistema dei crediti sociali, che dovrebbe essere reso operativo su tutto il territorio entro la fine del 2020, ogni cittadino cinese parte da un punteggio basato sui dati raccolti da società pubbliche e private, che può aumentare o diminuire a seconda del suo comportamento, in riferimento a «parametri morali» decisi dallo Stato o dalle amministrazioni locali.

Ecco alcuni esempi: passo con il semaforo rosso? Perdo 50 punti. Dono il sangue? Più 45 punti. Disturbo gli altri passeggeri in treno? Addio 25 punti. Partecipo a un evento organizzato dal governo cittadino? 40 punti conquistati. Non pago le bollette in tempo? Spariscono 35 punti, e così via. I «bravi cittadini» (categoria A) vengono premiati con sconti sulle bollette, esenzione dal pagamento della caparra negli alberghi, finanziamenti agevolati. I «cattivi» (categoria D), invece, incorrono in sanzioni come il divieto di acquisto dei biglietti di treni e aerei e il mancato accesso ad alcuni impieghi statali. Nel mezzo, ci sono anche le categorie B e C. Nel mese di marzo 2019, sommando vari progetti pilota in diverse zone della Cina, circa mille persone si sono viste negare la possibilità di comprare biglietti ferroviari e aerei, a causa di un inadeguato punteggio sociale.

Al momento, non esiste ancora un unico database che accentri e uniformi la raccolta dei punteggi di tutti i cittadini cinesi; esistono i crediti sociali applicati alle aziende, i progetti pilota in cui alcuni cittadini sperimentano un loro punteggio, le *black lists* e le *red lists* e il credito sociale di natura finanziaria uguale a quello che viene usato da noi.

Il traguardo del governo cinese sembra essere quello di riuscire col tempo a convogliare le «pagelle sociali» di tutti i cittadini in un grande archivio dati, uno scenario che inquieta l'Occidente, ma che pare non preoccupare affatto i cittadini del gigante asiatico. I quali, anzi, sembrano apprezzare il metodo e le sue finalità: garantire un ambiente economico e sociale sicuro e basato sulla fiducia.

Il concetto di privacy in Cina è infatti molto diverso rispetto al nostro: i cinesi non prestano molta attenzione alla protezione dei dati personali, non temono l'invasività di molte procedure a cui si sottopongono. Sono tolleranti prima di tutto perché spesso le nuove tecnologie facilitano la fruizione di consumi che, per molti, sono diventati l'obiettivo principale; secondariamente perché quel grande popolo è sempre stato sottoposto a forme di controllo di varia natura, a partire già dall'epoca della dinastia Qin (221-206 a.C.), quando la vita quotidiana era organizzata secondo canoni militari stringenti e tutti erano sottoposti all'obbligo della denuncia e della responsabilità collettiva. In tempi più recenti, possiamo ricordare l'esempio delle *danwei*, le unità di lavoro di epoca maoista dove le capo-unità femminili erano solite ispezionare gli indumenti intimi delle lavoratrici per monitorare i cicli mestruali e mantenere controllati i tassi di natalità nelle aree urbane. Il sistema dello *hukou* è tuttora un metodo di registrazione famigliare ereditario che in Cina classifica gli individui sulla base di una serie di parametri come provenienza, professione, etnia e religione, legando il diritto di accesso ai servizi essenziali al luogo d'origine (città o campagna).

Nessuno di questi sistemi, tuttavia, permette la rapidità di aggregazione dei dati garantita dal digitale. È chiaro quindi che in un paese governato dal «partito unico» il rischio del controllo sociale e della sorveglianza di massa è concreto, soprattutto nel momento in cui il nuovo obiettivo del governo è la creazione e moltiplicazione delle smart city, realtà urbane in grado di monitorare costantemente il livello delle polveri sottili nell'aria, ma anche gli spostamenti delle persone; capaci di fornire servizi avanzati alla cittadinanza, ma anche di invadere la sfera privata degli individui in nome della sicurezza.

Sono oltre cinquecento i progetti di smart city attivati dal governo cinese. Yinchuan, capitale della regione autonoma di Ningxia, è la capostipite delle città-esperimento. Lungo le sue strade l'Internet delle cose è una realtà: cassonetti intelligenti segnalano alla nettezza urbana quando sono pieni, autobus pagati dai viaggiatori con uno sguardo nella videocamera al momento di salire a bordo; esiti clinici che «parlano» con parametri medici registrati in precedenza fino a far scattare un allarme salute da recapitare con urgenza a un cittadino.

Per lo sviluppo di aree metropolitane sempre più smart sono necessari una connessione potente (5G) e la capacità di elaborare velocemente enormi quantitativi di dati. Ecco perché la Cina sta investendo molto anche nel settore dei *big data*, il famoso petrolio del futuro. In questo campo è decisamente avvantaggiata rispetto all'Occidente, sia per la scarsa attenzione alla privacy di cui abbiamo parlato, sia per l'enorme massa di informazioni che può produrre la nazione più popolosa del pianeta. Basta pensare, per esempio, a quanti dati personali è in grado di raccogliere soltanto l'applicazione WeChat grazie alle tantissime funzioni che ingloba. Non va inoltre dimenticato che le aziende cinesi sono legate a doppio filo con il governo non soltanto per i finanziamenti che sono solite ricevere, ma anche per la condivisione dei dati che raccolgono quotidianamente.

Molte attività legate ai *big data* sono concentrate nel Guizhou, una provincia che si trova nel Sudovest della Cina. La rivoluzione tecnologica legata all'avvento di Internet ha favorito il repentino sviluppo economico di una zona altrimenti sfavorita per l'ambiente naturale selvatico e un clima poco favorevole. I grandi collettori di dati necessitano proprio di luoghi appartati e caratterizzati da condizioni climatiche simili a quelle di quest'area montuosa del paese. Enormi spazi si sono in poco tempo riempiti di server enormi, approfittando anche di condizioni fiscali agevolate.

Huawei sta costruendo un nuovo *data center* nella Guian New Area di Guiyang, capitale della regione. Uno spazio di 400.000 metri quadrati che gestirà circa 600.000 server per archiviare i dati di gestione globale del colosso di Shenzhen.

Su un altipiano del Guizhou, invece, ha sede da alcuni anni il Green Data Tunnel di Foxconn, un centro dati capace di sfruttare al massimo le caratteristiche ambientali e climatiche di un'area a dir poco perfetta: per l'altitudine, per il clima monsonico, per le temperature ideali. I venti che spirano tra due montagne costituiscono il sistema di raffreddamento naturale, e quindi gratuito, per seimila server pronti a stivare *big data*. A convivere con questa struttura una Cina ancora in via di sviluppo, in ritardo rispetto alle aree urbane affacciate sul Pacifico e ai grandi centri industriali sparsi ormai per tutto il paese. Tuttavia, nemmeno una provincia come il Guizhou è ferma, nel Celeste Impero che progetta il suo futuro.

Una gita nella Xiong'an New Area, situata circa 130 chilometri a sud di Pechino, nella contea di Rongcheng, può far capire come la Cina immagina se stessa tra qualche anno.

Xiong'an: un nuovo orizzonte urbano

Gli edifici sono tutti simili tra loro: forme semplici, mattoncini grigi e serramenti austeri della stessa tonalità, soltanto un po' più scuri. Palazzetti bassi tra cui si ramificano strade a misura d'uomo, con marciapiedi alberati e aiuole di erba curata. Il frinire delle cicale è assordante. Un piccolo autobus blu si avvicina e apre le porte per far salire e scendere i passeggeri. Il conducente non c'è. Poco più avanti, campeggia l'insegna rossa del *wurenchaoshi*, il supermercato senza personale, in cui si può entrare solo dopo aver effettuato il login con il sistema di messaggistica e di pagamento online WeChat. A tutti gli incroci, e non solo lì, sono installati sistemi di videosorveglianza.

Sono all'interno del Citizen Service Center della Xiong'an New Area. Si tratta di un prototipo di quartiere, costruito in poco meno di un anno, che serve per far capire ai numerosi turisti cinesi che lo visitano ogni giorno come dovrà diventare questa immensa porzione della provincia dello Hebei. Secondo l'annuncio di Xi Jinping nell'aprile 2017, la Xiong'an New Area dovrebbe infatti incarnare la smart city più avanzata del mondo entro il 2035, grazie a un investimento stimato di circa 580 miliardi di dollari. A dare il benvenuto a me e ai turisti cinesi, la proiezione, nel cinema del Service Center, di un documentario propagandistico di trenta minuti, che illustra il futuro avveniristico della nuova area. «Sarà una città socialista moderna di alto livello. Sarà verde, intelligente, competitiva e proporrà una perfetta armonia tra uomo e natura» scandisce una voce maschile mentre sullo schermo scorrono grafiche immaginifiche, con proiezioni computerizzate di ciò che sarà. La strategia, «che avrà un'importanza cruciale per il millennio a venire», comprenderà le contee di Anxin, Rongcheng e Xiong'an – un'area che equivale a tre volte quella di New York – e sarà un laboratorio di sperimentazione per la ricerca, l'high-tech, l'ingegneria, la scienza, l'ecologia, l'intelligenza artificiale, la tecnologia *blockchain*, l'Internet delle cose e lo sviluppo del 5G. Qui verranno trasferiti alcuni degli uffici governativi e delle aziende che attualmente hanno sede a Pechino.

Diventerà la terza zona economica speciale cinese, dopo la Shenzhen Special Economic Zone, voluta dal presidente Deng Xiaoping negli anni Ottanta, e la Shanghai Pudong New Area, lanciata dal suo successore Jiang Zemin negli anni Novanta. «Il cuore della città realizza il "Sogno cinese". Questa è Xiong'an, questo è il futuro» recita uno degli slogan del video di propaganda.

Per ora, visto da qui, il futuro sembra parecchio spettrale e anche un po' inquietante. Decido di testare tutto quello che offre. Entro in uno dei vari ristoranti – tra i quali spicca una filiale del Qing Feng Baozi Pu, il locale in cui Xi Jinping ha pranzato col popolo, a Pechino nel 2013 – e trovo un pannello interattivo per ordinare il mio pasto; vado in banca e dialogo con un robot di nome Xiao Mei, che parla con la voce di una bimba di sei anni e risponde a tono e con pertinenza a tutto quello che chiedo; tramite cellulare, acquisto uno snack da una macchinetta elettronica itinerante senza autista; cerco di salire su un pulmino a guida automatica, ma non faccio in tempo: raggiungo la fermata quando ha già chiuso le porte e, nonostante sia ancora fermo davanti a me, non è abbastanza intelligente per riaprirle e farmi salire.

Incontro anche Qiang Li, un quarantenne sorridente, con i capelli brizzolati. Fino a qualche tempo fa faceva il giornalista, ma adesso si occupa di comunicazione. È venuto in gita al Citizen Service Center della Xiong'an New Area per avere un assaggio di quello che sarà il futuro del suo paese. «Se il partito decide che una cosa è positiva per il popolo, stai sicura che riuscirà a portarla a termine» mi dice pieno di orgoglio. Secondo lui, però, il posto ha dei difetti: non ha la pista ciclabile ai lati delle strade e si vede che gli edifici sono temporanei. A suo avviso la pecca più grave – si acciglia mentre mi parla – è la scarsità di telecamere di videosorveglianza. Immagino di aver reagito con una faccia sorpresa – a ogni incrocio ne ho individuate almeno otto – perché lui subito si affretta a puntualizzare: «So che voi europei non apprezzate le videocamere, pensate che ledano la vostra privacy, ma a noi cinesi piacciono: ci fanno sentire al sicuro».

Il Citizen Service Center della Xiong'an New Area è quindi una specie di isola futuristica catapultata in un territorio vastissimo ancora completamente rurale. Percorrendo in auto le contee di Anxin, Rongcheng e Xiong'an si attraversano piccoli villaggi e qualche cittadina. Per il resto, è tutta campagna. Il mio pensiero lo esprime chiaramente Zhao Yong, il giovane autista abusivo che mi accompagna. L'ho incontrato fuori dalla stazione del piccolo villaggio di Bagou. Si piazza lì tutte le mattine, assieme ad altri venti «colleghi», per cercare clienti da scorrazzare in giro. Ha ventiquattro anni, ma sembra molto più grande col suo sguardo da adulto un po' corrucciato. A un certo punto del viaggio, quasi sospirando, mi dice: «Io non capisco come potranno riuscire a trasformare questi posti nella smart city del futuro. È una campagna così povera...».

Effettivamente, per ora, la spinta al cambiamento si intravede solo nei piccoli boschi di alberi – 6,670 ettari, nel 2018, tutti con il cartellino con il QRCode legato al tronco – piantati un po' qua e un po' là, nei caratteri rossi degli slogan con cui sono ricoperti i muri dei villaggi e con cui si tessono le lodi di uno sviluppo e di un avvenire radiosi. Il senso di un sovvertimento epocale è nelle piccole case di mattoni dei contadini, che sorgono ai piedi del mastodontico cantiere della ferrovia ad alta velocità Pechino-Xiong'an. Sembrano abbandonate in fretta e furia, per lasciare spazio alla Cina che verrà. Dentro una di queste piccole strutture, oltre a vestiti, scarpe, elettrodomestici, ho trovato addirittura una ciotola apparecchiata sul tavolo, con accanto il pane e le bacchette. Quando il futuro arriva, si prende e si va, non c'è tempo per i ricordi e per i rimpianti.

Il lago Baiyangding è l'ultima tappa del mio viaggio a Xiong'an. Voglio andare a vederlo perché sarà uno dei punti su cui si misurerà il successo del visionario progetto di Xi Jinping. Soprannominato «la perla della Cina settentrionale», il bacino idrico di Baiyangdian copre circa 360 chilometri quadrati ed è il più grande della pianura che caratterizza il Nord della regione cinese. La sfida è quella di riuscire a ripristinare l'equilibrio ecologico del lago, compromesso a causa dello sviluppo degli ultimi decenni (sette delle dieci città più inquinate della Cina si trovano nelle vicinanze della provincia dello Hebei, letteralmente la circondano). Zhao Yong mi conduce sulla riva del Baiyangdian che si affaccia sulla contea di Anxin. Per raggiungerla, percorriamo una stradina strettissima – ci passa solo l'auto – con ai lati due file di casette basse e bianche. Gli abitanti sono costretti a spostarsi per farci passare. Si vedono solo vecchi e bambini, gli adulti sembrano non esistere. La strada sterrata a un certo punto si interrompe e diventa uno spiazzo di terra scura. Proseguiamo a piedi e raggiungiamo l'ultima abitazione prima dell'acqua. È fatiscente, la porta d'ingresso è aperta ed è coperta da una tenda azzurra che svolazza seguendo il movimento dell'aria. Ci avviciniamo alla riva. La visibilità è limitata perché, a pochi metri da noi, un imponente canneto non permette allo sguardo di abbracciare l'orizzonte. All'improvviso, compare un omone con una t-shirt chiara, dei pantaloni lunghi neri e delle buffe ciabatte di plastica grigie con sopra un orsetto. È il padrone di casa ed è contento di avere visite. Si chiama Gao Li, ha quarantatré anni. A causa dell'inquinamento del lago ha dovuto interrompere la sua attività di allevatore di anatre. Ora vende uova di anatre allevate da altri. Mi dice di essere entusiasta per il progetto della Xiong'an New Area: «Tra quattro-cinque anni al massimo qui demoliranno tutto e io dovrò trasferirmi in un nuovo appartamento. Me lo darà il governo. Non vedo l'ora».

La giornata sta per finire. Risalgo in macchina. Zhao Yong mi spiega che non facciamo in tempo ad arrivare fino al Daxing International Airport, una struttura a forma di stella marina disegnata dall'archistar Zaha Hadid. «Ma lo sai che è l'aeroporto più grande del mondo? Si estende per 45 chilometri! Hanno impiegato solo cinque anni a realizzarlo» dice tradendo un certo orgoglio. «È stato pensato e posizionato a sud di Pechino proprio per diventare lo scalo ufficiale della Xiong'an New Area. Nel 2040 dovrebbe raggiungere un traffico di cento milioni di passeggeri.»[23] Spesso la Cina mi spiazza e sorprende. È quasi un déjà-vu: Pechino aveva già l'aeroporto più grande del mondo (il Beijing Capital International Airport, un progetto di Norman Foster), inaugurato in occasione delle Olimpiadi del 2008.

Per ora la Xiong'an New Area è solamente un progetto abbozzato, ancora quasi interamente sulla carta. Delinea tuttavia, in modo chiaro, i contorni di un'ambizione. Ve l'avessero raccontata una ventina d'anni fa, una città del genere, probabilmente l'avreste collocata sull'altra sponda dell'Oceano Pacifico, dentro i confini di un altro sogno glorioso.

La Cina investe e progetta, sperimenta e immagina il suo futuro e, mentre il divario con gli Stati Uniti è sempre più sottile, si conferma l'unico paese al mondo che può mettere seriamente in crisi il loro primato mondiale. Le start-up

[23] L'inaugurazione è avvenuta il 25 settembre 2019.

cinesi impegnate nello sviluppo dell'intelligenza artificiale nel corso del 2018 hanno superato quelle americane nella raccolta di fondi per la ricerca. Il 48 per cento dei finanziamenti a livello mondiale da parte di aziende e fondi di investimento stranieri sono stati appannaggio dei ricercatori cinesi, contro il 38 per cento dei colleghi statunitensi.

Oltre all'AI, al 5G, alla tecnologia *blockchain*, al predominio di Internet che passa attraverso i cavi sottomarini, ai microprocessori (la Cina dipende ancora molto dagli americani, che in questo settore continuano a essere in vantaggio), altri due campi di sfida agli Usa sono quelli dell'industria aerospaziale e dell'ingegneria genetica. Pechino sta perfezionando il suo sistema satellitare Beidou, che farà concorrenza al GPS, e sta mettendo a punto – dopo due stazioni spaziali sperimentali temporanee, la Tiangong-1 e la Tiangong-2 – una struttura orbitante alternativa a quella internazionale gestita da americani, canadesi, europei, russi e giapponesi. Il 3 gennaio 2019, intanto, la sonda cinese Chang'e 4 è arrivata per la prima volta sul lato oscuro della Luna.

V

Cina e Stati Uniti: la grande sfida

Due tigri non possono vivere sulla stessa montagna.
PROVERBIO CINESE

Negli ultimi anni la Cina ha dimostrato un'attitudine inedita nella politica estera. La corsa al primato tecnologico e il progetto della Nuova via della seta ne sono le manifestazioni più evidenti: Pechino ha smesso di lavorare per vie indirette e ha iniziato a proiettarsi verso l'esterno in maniera attiva, in alcuni casi anche in modo piuttosto aggressivo, come nel Mar Cinese Meridionale e Orientale. Per millenni non l'aveva mai fatto, si era sempre mossa dentro i suoi confini geografici, ritenendosi il «paese di centro» circondato da Stati tributari che la riconoscevano e che venendo a loro volta riconosciuti godevano della dignità dell'esistenza: è il famoso concetto di *tianxia*, «tutto quanto sta sotto il cielo», che approfondiremo nell'ultimo capitolo.

L'Occidente ha creduto per molto tempo che la Cina fosse marginale. È per questa ragione che il suo nuovo atteggiamento inaugura qualcosa di sconosciuto e inimmaginabile fino a pochi anni fa, con cui però è inevitabile fare i conti.

I primi a doversi misurare con le rinnovate ambizioni del Dragone sono senza dubbio gli Stati Uniti, che vedono oggi minacciata la loro leadership. Alcuni analisti hanno parlato di «nuova Guerra fredda», ma una simile definizione può rivelarsi fuorviante. L'Unione Sovietica voleva contrastare la supremazia Usa, la Cina è invece pragmatica: fa quello che le serve per perseguire i suoi interessi nazionali. Il conflitto ideologico è di fatto assente.

Il futuro che ci aspetta vede quindi il confronto tra Cina e Usa, due potenze che sono ontologicamente in contrapposizione e che non hanno un linguaggio comune, se non quello del capitalismo utilitario. Per la prima volta nella storia recente sarà necessario non solo pensare alla Cina in maniera diversa, ma cominciare a ragionare su come rispondere al gigante asiatico senza presupporre che la nostra cultura di appartenenza sia in qualche modo migliore e superiore alla sua.

Nel 2017 il politologo statunitense Graham Allison per descrivere le relazioni tra le due nazioni ha utilizzato l'immagine della «trappola di Tucidide», modellata sul rapporto tra Sparta e Atene.[24] La trappola consisterebbe nell'inevitabilità della guerra tra una potenza che vede il suo primato in declino (Sparta, gli Usa) e un'altra potenza in ascesa che lo mette in discussione (Atene, la Cina). Uno scenario che per ora viene rifiutato con forza soprattutto dal Dragone, intento a presentarsi al mondo come una forza pacifica che non intende replicare gli errori compiuti dall'Occidente negli ultimi secoli.

I rapporti tra gli Stati Uniti e la Repubblica popolare cinese sono tesi fin dalla nascita di quest'ultima, il 1° ottobre 1949. Tra il 1949 e il 1969, infatti, gli Usa portano avanti una politica di destabilizzazione della Cina, con la quale si scontrano anche militarmente nel 1951, durante la guerra di Corea (1950-53), conclusasi con la divisione della penisola in due parti, assetto ancora oggi in vigore. Si tratta del cosiddetto «periodo di contenimento» della Cina da parte

[24] Graham Allison, *Destinati alla guerra. Possono l'America e la Cina sfuggire alla trappola di Tucidide?*, trad. it., Roma, Fazi, 2018.

degli Usa, un ventennio durante il quale Washington costruisce una sorta di barriera militare lungo i confini meridionali e orientali del Celeste Impero, alleandosi con i suoi vicini, e pone di fatto un embargo commerciale nei confronti di Pechino.

Tutto cambia nel 1971, con l'inizio di quella che viene definita la «diplomazia del ping pong» e che nasce dall'esigenza cinese di cominciare ad avere un ruolo sullo scacchiere mondiale, dopo decenni di isolamento. All'inizio degli anni Settanta, la Repubblica popolare cinese è infatti uno dei paesi più emarginati del pianeta: non ha alcun rapporto diplomatico con l'Occidente, non detiene il seggio nel Consiglio di sicurezza delle Nazioni Unite, ancora occupato dalla Repubblica cinese – l'ex governo nazionalista fuggito a Taiwan nel 1949, dopo la sconfitta nella guerra civile – e attraversa una fase di rottura con l'Unione Sovietica. Dopo la morte di Stalin e l'ascesa di Nikita Chruščëv alla guida dell'Urss, infatti, Pechino ha cominciato ad allontanarsi da Mosca in seguito alle dure critiche del nuovo leader sovietico al «Grande balzo in avanti»[25] voluto da Mao Zedong. Chruščëv ha definito il Grande Timoniere «avventurista, deviazionista e nazionalista».

Nonostante le enormi differenza ideologiche e culturali, la Cina comincia a guardare agli Stati Uniti come a una possibile sponda per bilanciare la crescente tensione con il suo ex alleato sovietico, mentre gli Usa, guidati dal presi-

[25] Il «Grande balzo in avanti» (大跃进, *Dàyuèjìn*) è stato il progetto di sviluppo economico e sociale elaborato e messo in atto dalla Repubblica popolare cinese dal 1958 al 1961. Il piano di interventi economici e sociali faceva leva sulla mobilitazione dell'intera popolazione cinese per una drastica operazione di riforma. Alla base del progetto c'era la trasformazione di un'economia agricola in un sistema produttivo fondato sull'industria. Con la promessa del «comunismo dell'abbondanza», Mao Zedong introdusse la collettivizzazione nella società cinese. Lo sforzo modernizzatore si rivelò da subito fallimentare e causò sofferenze indicibili. Soltanto nella terribile carestia del 1960 si contarono dai 14 ai 43 milioni di vittime.

dente Richard Nixon, iniziano a ritenerla un valido appoggio nella Guerra fredda.

Il processo di avvicinamento tra i due paesi subisce un'accelerazione grazie a un episodio casuale. Nel 1971 a Nagoya, in Giappone, sono in corso i campionati mondiali di ping pong. Partecipano sia la Cina sia gli Stati Uniti. Glenn Cowan è un giocatore americano che una sera prolunga il suo orario di allenamento in palestra e, lasciato indietro dai suoi, per tornare in albergo è costretto a chiedere un passaggio all'autobus della squadra cinese. Il viaggio dura soltanto quindici minuti, sufficienti a far sì che Zhuang Zedong, uno degli atleti cinesi più forti, prenda coraggio, si avvicini a Cowan e gli regali un dipinto su seta di alcune montagne cinesi, come simbolo dell'amicizia tra il popolo cinese e quello americano. «Nonostante il governo degli Stati Uniti non sia amico della Cina, il popolo degli Stati Uniti è amico dei cinesi» è la frase con cui Zhuang accompagna il suo gesto distensivo.

La notizia è talmente clamorosa che i due, al loro arrivo in albergo, trovano un gruppo di giornalisti e fotografi ad aspettarli per immortalare il momento storico. Prima di allora, non si erano mai visti un atleta cinese e un atleta americano vicini. Cowan ricambia il gesto di Zhuang Zedong, donandogli una maglietta con il simbolo della pace e la scritta *Let it be* ed esprimendo il desiderio di visitare la Cina.

Lo scambio di gentilezze tra i due è il «la» per il processo di scongelamento dei rapporti Cina-Usa: il 10 aprile 1971 la squadra americana di ping pong, su invito di Mao Zedong in persona, raggiunge la Repubblica popolare passando per Hong Kong, allora ancora sotto il controllo del Regno Unito. È la prima volta che degli americani mettono piede in Cina dal 1949.

Alcuni mesi dopo, durante una visita in Pakistan, il consigliere per la Sicurezza nazionale di Nixon, Henry Kissinger, sparisce per recarsi segretamente a Pechino. Ha appuntamento con Mao Zedong per organizzare la prima visita di un presidente degli Stati Uniti nel più grande Stato comunista dopo il colosso sovietico. «Abbiamo delle differenze e potremmo averne in futuro, ma dobbiamo lavorare per trovare il modo di capire che possiamo essere diversi, ma senza essere nemici in guerra.»[26] Sono le parole che Nixon dice prima di partire per il suo viaggio, nel febbraio 1972. Arthur Hummel, ambasciatore americano a Pechino tra il 1981 e il 1985, ha definito il 1972 l'anno «da cui deve cominciare ogni ragionamento sulle attuali relazioni tra Cina e Stati Uniti». Da allora c'è un avvicinamento sempre più forte che porta, nel 1978, alla completa normalizzazione dei rapporti e all'avvio di regolari relazioni diplomatiche.

Nel 1978, in Cina, Mao Zedong è morto da due anni e al potere c'è Deng Xiaoping. Il nuovo leader sta per inaugurare la stagione delle politiche di «riforma e apertura», che garantiranno alla Cina l'incredibile crescita economica degli anni successivi e diventeranno uno strumento fondamentale nel percorso per rimettere la Cina al centro del mondo.

La politica di Deng Xiaoping, che coincide con l'istituzione di canali diplomatici con gli Stati Uniti, prevede la creazione di zone economiche speciali, lo sfruttamento degli investimenti stranieri e l'utilizzo dell'immensa forza lavoro cinese a basso costo. Nasce la «Cina fabbrica del mondo», il paese inizia la sua incredibile corsa che, dal 1979 al 2017, porta il Pil a crescere annualmente in media del 9,5 per cento. Nel 1989 il processo subisce una battuta d'arresto dovuta all'isolamento internazionale conseguente al massacro di Tienanmen, ma Deng Xiaoping prosegue nelle sue politiche riuscendo a resistere alle pressioni esterne. La ri-

[26] Tad Szulc, *President Leaves on Trip to China; Stops in Hawaii*, «The New York Times», febbraio 1972, https://archive.nytimes.com/www.nytimes.com/learning/general/onthisday/big/0217.html

presa totale delle relazioni Cina-Usa avverrà nel 1997, con un incontro a Washington tra Bill Clinton e il successore di Deng Xiaoping, Jiang Zemin. Sarà sempre Bill Clinton che lavorerà per aiutare Pechino a fare il suo ingresso nell'Organizzazione mondiale del commercio, l'11 dicembre 2001, momento in cui la Cina inizia a sedersi al tavolo dei grandi.

Nel 2008, quando Obama diventa il primo presidente afroamericano degli Stati Uniti, Pechino cresce a un tasso del 14,3 per cento. È l'anno in cui scoppia la crisi economica mondiale, che provoca una spirale negativa soprattutto in Occidente. L'avanzata cinese subisce un rallentamento: si passa da una media di crescita del Pil del 10 per cento del decennio precedente al 2008, all'attuale 6 per cento annuo nel 2018-19. Si tratta di una contrazione di un terzo, a fronte del dimezzamento della crescita economica globale.

Il Dragone è uno dei paesi che riescono meglio a far fronte alla crisi e a trarne dei vantaggi strategici:[27] accelera il passaggio dal suo modello economico trainato dalle esportazioni a un modello basato sui consumi interni e, soprattutto, prende consapevolezza del suo ruolo nel panorama mondiale. Subito dopo la congiuntura, infatti, la Cina, assieme alle altre economie in rapida espansione di Brasile, Russia, India, e Sudafrica, dà vita al BRICS (l'acronimo è formato dalle iniziali dei componenti), il gruppo di paesi che assume iniziative senza la «supervisione» del G7 o degli Stati Uniti. La Repubblica popolare cinese inizia quindi a costruire un suo campo da gioco che non segue per forza le regole occidentali e che trova nel progetto della Nuova via della seta la sua espressione più significativa (nel 2013, come si è detto, per finanziare la BRI crea l'Asian Infrastructure Investment Bank, dopo anni di rifiuti statuni-

[27] In cinese «crisi» si dice 危机 (*wéijī*), termine composto dai caratteri «pericolo» e «opportunità».

tensi di accogliere la sua richiesta di maggiori quote nella Banca mondiale).

Inizia a essere chiaro che è in atto una sfida a due. Un episodio in apparenza poco rilevante aiuta a riflettere sulla competizione, che comincia a segnare plasticamente i rapporti tra le due potenze mondiali all'inizio del millennio. Il protagonista è ancora una volta uno sport: dopo il ping pong è la volta del basket. Yao Ming è un gigante di 2,29 metri, pesa 140 kg e gioca nel ruolo di pivot. Per i cinesi non è soltanto un grande atleta, ma qualcosa di più: è un simbolo, l'emblema di una nazione che è cresciuta in ogni ambito e settore e non teme più nulla, nemmeno nello sport. Nell'anno delle Olimpiadi è testimonial di alcuni dei marchi più famosi del mondo (Coca-Cola, Reebok, Visa...) e, a Pechino, la gigantografia del suo viso compare ovunque: sulle facciate dei palazzi, alle fermate dell'autobus, sui led luminosi dentro i tunnel della metropolitana. Yao Ming – mentre la Cina dimostra al mondo di essere in grado di organizzare i Giochi olimpici in maniera egregia e di «vincerli» superando gli Usa per numero di medaglie – è la prova vivente che la Cina può «conquistare» l'America. Il cestista cinese è infatti un pioniere: nel 2002 sbarca nel pianeta dell'NBA, l'Olimpo della pallacanestro mondiale, per giocare alla grande con la maglia degli Houston Rockets, che vestirà fino al 2011.

Ma, per tornare all'episodio che è degno di figurare nella storia movimentata dei rapporti tra l'Aquila e il Dragone, nel 2010, Yao Ming e la moglie Ye Li annunciano che presto diventeranno genitori di una bimba. I cinesi sono felicissimi per il loro campione, ma soltanto fino al sorgere di una domanda: dove nascerà la creatura? L'atleta risponde in modo evasivo, con una vaghezza che proprio non gli appartiene. La faccenda si fa seria, serissima, il web cinese ribolle perché gli americani prevedono lo *ius soli*: chiunque nasca entro i confini della federazione si vede concessa la cittadinanza a stelle e strisce. Il 10 maggio, a Houston, in Texas, viene alla luce Yao Qinlei. Da quelle parti la chiameranno Amy. L'annuncio passa attraverso i profili Facebook e Twitter del cestista, censurati sul suolo cinese. A Pechino la voglia di festeggiare non c'è, per molti Yao Ming è in qualche modo un «traditore».

Oggi l'atleta si spende per nobili cause in giro per il pianeta: aiuta i bambini delle zone rurali della Cina e conduce battaglie per la conservazione di specie animali a rischio, come gli elefanti e i rinoceronti. Però è anche il presidente della Chinese Basketball Association e nell'autunno del 2019 si è reso protagonista di un altro capitolo della romanzesca storia dei rapporti Usa-Cina, questa volta fedele al suo ruolo di portabandiera della Repubblica popolare. A seguito di un tweet solidale con i giovani che protestano nelle piazze di Hong Kong del general manager degli Houston Rockets, Daryl Morey, l'ex cestista stoppa – è una delle cose che gli riuscivano meglio anche in campo – ogni collaborazione tra il basket cinese e la sua ex squadra americana. La palla persa da Houston non è una palla qualsiasi: dovrà dire addio agli sbocchi sull'enorme mercato cinese che il legame con Yao Ming ha aperto. A nulla sembrano valere retromarce e ritrattazioni, *in primis* del proprietario dei Rockets, l'uomo d'affari Tilman Fertitta.

Come spesso accade quando si parla di Cina, siamo davanti a un singolo individuo che si carica sulle spalle un destino collettivo, dimostrando l'importanza dei simboli e delle identità su un terreno, quello dello scontro tra due superpotenze planetarie, in cui tutto assume un valore politico.

Gli Stati Uniti pensano da sempre di poter portare anche la Cina nella loro orbita, ma già durante i due mandati di Obama questo desiderio si rivela un'illusione. L'amministrazione Obama reintroduce nella politica estera di Washington il concetto di politica di «contenimento» nei confronti del Dragone. Niente a che vedere con le strategie adottate nel corso della Guerra fredda: le due superpotenze del XXI secolo sono troppo dipendenti economicamente l'una dall'altra. Nel 2011, il segretario di Stato Hillary Clinton annuncia la «svolta» e propone la politica del *pivot to Asia*, ovvero il reindirizzamento delle risorse statunitensi dall'Europa e dal Medio Oriente all'Asia, per contrastare l'impatto dell'ascesa cinese nella regione. L'operazione si declina nell'aumento della presenza diplomatica, economica e militare nel continente e nella firma di trattati commerciali per creare alleanze che limitino il potere cinese. Il più importante è sicuramente il Partenariato Trans-Pacifico (in inglese Trans-Pacific Partnership, abbreviato in TPP), firmato nel febbraio 2016, dopo anni di negoziazioni, da dodici paesi dell'area pacifica e asiatica (ma mai ratificato dal Congresso Usa).

La conquista del potere da parte di Xi Jinping nel 2013 segna tuttavia una svolta nelle relazioni tra i due paesi. Il nuovo presidente mette subito in chiaro che da quel momento il suo paese occuperà una posizione diversa rispetto agli Usa. Lo slogan 新型大国关系 (*Xīnxíng dàguó guānxì*), che tradotto significa più o meno «Una nuova relazione tra grandi potenze», viene rilanciato dai media cinesi e contiene un messaggio molto chiaro per gli Stati Uniti: gli equilibri sono cambiati, la Cina sta per attuare il sorpasso economico, è necessario rinnovare i rapporti sulla base di una nuova fiducia e senza mascherare i tanti motivi di frizione. Questa presentazione cinese più assertiva ha creato non pochi problemi agli Usa, dando vita all'inedita percezione di non essere più la guida mondiale indiscussa.

Il motivo è molto semplice: secondo la maggior parte degli indicatori, la Cina ha già di fatto superato gli Usa. È il più grande produttore di acciaio, alluminio, navi, cellulari, computer, mobili, tessuti, capi di abbigliamento. È in grado di costruire in tempi brevissimi infrastrutture per le quali negli Stati Uniti occorrono lustri. Dal 2013 ospita il supercomputer più veloce del mondo, cosa che fino a quel momento era un vanto della Silicon Valley. Dal 2015 ha sorpassato gli Usa nella classifica dei paesi con il maggior numero di miliardari e, di conseguenza, in quella degli acquisti di beni di lusso (i cinesi hanno messo nel loro carrello metà degli articoli più esclusivi venduti al mondo).

Nel 2019 le aziende cinesi presenti nella «Fortune Global 500», la classifica delle maggiori imprese al mondo per fatturato, hanno superato quelle americane: 129 (comprese 10 taiwanesi) contro 121. È ormai il più grande partner commerciale di oltre 130 paesi, comprese le principali economie asiatiche, il maggiore consumatore al mondo della gran parte dei prodotti e, a partire dalla crisi finanziaria del 2008, è il motore principale della crescita economica globale. E non solo. È un paese che, nel corso di una sola generazione, è passato dal non comparire in nessuna classifica internazionale all'occupare stabilmente il primo posto. Quarant'anni fa, novanta cinesi su cento vivevano con meno di 2 dollari al giorno, oggi lo fanno meno di tre cittadini su cento e il reddito medio pro capite è passato dai 193 dollari del 1980 agli oltre 8100 dollari di oggi. Un mio coetaneo, nato all'inizio degli anni Ottanta, ha visto migliorare le sue condizioni di vita giorno dopo giorno. Non dimenticherò mai l'espressione felice di Wang Fei, un'amica cinese conosciuta mentre ero a Pechino nel 2005, quando, durante un viaggio in macchina, mi ha detto: «Sai, fino a due o tre anni fa non potevo neanche sognare di comprare un'automobile, ora non solo posso desiderarlo, ma posso finalmente anche farlo».

Nel suo libro *Destinati alla guerra*, il già citato politologo statunitense Graham Allison afferma che per gli americani, cresciuti in un mondo in cui essere gli Usa significava essere i numeri uno (il che valeva per ogni cittadino a partire dal 1870), l'idea che la Cina possa spodestare gli Stati Uniti come la più grande economia del mondo è inconcepibile. Molti statunitensi credono che il primato economico sia un loro diritto inalienabile, a tal punto da renderlo parte dell'identità nazionale.

È quindi comprensibile il senso di paura che il Dragone ha cominciato a incutere sull'altra sponda del Pacifico. L'interprete più efficace di questo timore è stato il presidente degli Stati Uniti Donald Trump, che già in campagna elettorale ha spesso parlato (male) della Cina e, una volta eletto, l'ha definita «rivale strategico» e «minaccia comune». Il riequilibrio delle relazioni commerciali con la potenza asiatica, infatti, è stato uno dei punti più caratterizzanti della retorica del «*making America great again*», lo slogan perno della sua propaganda. Su YouTube sono facilmente reperibili molti montaggi in cui vengono messe in fila le volte in cui il futuro presidente ha pronunciato la parola *China* durante i suoi comizi: oltre che utili per capire le dinamiche tra i due protagonisti dell'odierna scena mondiale, sono decisamente divertenti.

La Cina, secondo Trump, è la vincitrice della globalizzazione perché ha giocato sporco e ha ricevuto solo vantaggi per sé e per la sua classe media. Il tycoon accusa il Celeste Impero di attuare pratiche mercantili scorrette e di essere responsabile di un deficit commerciale troppo alto. Con Donald Trump, quindi, Washington individua in Pechino il suo principale rivale e lo tratta, senza tanti giri di parole, come una minaccia da disinnescare.

L'atteggiamento riottoso del nuovo inquilino della Casa Bianca nei confronti della Cina è evidente fin da subito: a dicembre 2016, un mese dopo la vittoria elettorale, The Donald accetta la telefonata di congratulazioni della presidente di Taiwan Tsai Ing-wen. Tra Washington e Taipei non ci sono contatti ai massimi livelli dal 1979, anno in cui il presidente Jimmy Carter ha riconosciuto la politica di «una sola Cina» (*One China policy*), il principio secondo il quale Pechino rivendica l'appartenenza dell'isola di Taiwan alla

Repubblica popolare cinese. Per la Cina quello del nuovo presidente è un grave affronto.

A fine gennaio 2017 Trump firma l'ordine esecutivo del ritiro degli Usa dal Partenariato Trans-Pacifico voluto da Obama, generado una sorta di vuoto nell'area. Inaugura così la politica protezionistica dell'*America first* sbandierata durante la campagna elettorale, che si trasformerà ben presto nella guerra dei dazi Cina-Usa.

I rapporti con la Cina durante il primo anno di presidenza Trump sono caratterizzati soprattutto dalla questione della Corea del Nord, storica alleata di Pechino e fattore di destabilizzazione a livello mondiale, con la continua minaccia di un'escalation militare.

I due leader, l'americano e il cinese, si incontrano per la prima volta nell'aprile 2017 nella tenuta di Trump a Mar-a-lago, in Florida. In quell'occasione, nonostante l'incidente di Taiwan e i temi caldi legati al commercio sul tavolo, il presidente americano sembra voler instaurare una relazione realmente amichevole con l'omologo cinese, tanto che affida gli onori di benvenuto a Xi Jinping e consorte alla piccola Arabella, la nipotina di quattro anni, figlia di Ivanka. La piccola parla il mandarino e pochi mesi prima sono diventate virali nel Celeste Impero le immagini con cui, in un tweet della madre, fa gli auguri per un felice Capodanno cinese. Alcuni commentatori occidentali si sono ironicamente azzardati a coniare la definizione di *Arabella diplomacy*, richiamando la *ping pong diplomacy* degli anni Settanta.

La nuova amministrazione americana sta ancora prendendo le misure del gigante cinese quando la Corea del Nord, nel settembre 2017, esegue il primo test termonucleare da quando Trump è presidente, il sesto della sua storia. Da subito, il modo in cui affrontare le bizze del leader nordcoreano Kim Jong-un si rivela una cartina di tornasole degli stili diplomatici dei due capi di Stato: da un lato un presidente americano agitato e imprevedibile, che per bloccare la proliferazione nucleare di Kim Jong-un alterna proclami a minacce e che, tra i primi gesti del suo mandato, decide di cancellare il Partenariato Trans-Pacifico voluto da Obama, finendo col dare un'idea di «inaffidabilità» a molti alleati nell'area; dall'altro un presidente cinese che ostenta calma serafica e che, impegnato a mantenere la stabilità nella regione asiatica, insiste per una mediazione diplomatica e nello stesso tempo si preoccupa di tenere gli Stati Uniti militarmente distanti dalla Cina. Pechino, infatti, legge la presenza americana in Sudcorea più come una minaccia alla propria sicurezza che come una garanzia di difesa dalla Nordcorea per i sudcoreani.

Tra il 2018 e il 2019 si arriva a una parziale normalizzazione della questione nordcoreana: il 12 giugno 2018 il presidente Trump e il leader supremo della Corea del Nord Kim Jong-un si scambiano la prima stretta di mano storica a Singapore, mentre il 30 giugno 2019 avviene il primo ingresso in territorio nordcoreano da parte di un presidente americano.

Trump negozia tutte le questioni politiche relative alla Cina allo stesso modo: se da un lato chiede aiuto per il processo di denuclearizzazione della Corea del Nord, dall'altro non si fa scrupoli a iniziare una furibonda disputa sui dazi. Secondo il tycoon, i dazi contro i prodotti cinesi servono a tutelare i lavoratori americani. Pechino è infatti responsabile di un deficit commerciale troppo alto – la differenza tra quanto Washington importa dalla Cina e quanto esporta in Cina nel 2017 è di oltre 300 miliardi – e di politiche industriali scorrette come le misure di apertura selettiva al commercio internazionale, le barriere tariffarie e le pratiche discriminatorie non in linea con gli impegni presi quando la Cina aveva aderito all'Organizzazione mondiale del commercio.

Dopo varie minacce, gli Usa passano dalle parole ai fatti: il 6 luglio 2018 fanno entrare in vigore tariffe doganali del 25 per cento su una lista di 818 prodotti cinesi, per un valore di 34 miliardi di dollari. È l'inizio della cosiddetta «guerra dei dazi» tra Usa e Cina. Alle prime misure di Washington, Pechino reagisce quasi subito, mettendo a sua volta imposte sulle merci americane. Prende di mira soprattutto le importazioni di soia e di carne per colpire gli agricoltori e gli allevatori, ovvero coloro che rappresentano la base elettorale che ha contribuito alla vittoria di Trump. Si tratta inequivocabilmente di una risposta «politica», proprio poco prima delle elezioni americane di *midterm*. La mossa di Xi Jinping contiene un messaggio chiaro agli Stati Uniti: voi potete farci male, ma anche noi possiamo danneggiarvi.

Nonostante le continue ammonizioni cinesi sul fatto che «in uno scontro commerciale non ci sarebbero vincitori, ma soltanto sconfitti», gli Usa rincarano la dose. Il 4 ottobre 2018 il vicepresidente Mike Pence, ospite dell'Hudson Institute a Washington, pronuncia un'arringa ferocissima contro il Dragone. Lo accusa di rubare tecnologie statunitensi, di avere atteggiamenti prepotenti con le aziende americane, di militarizzare il Mar Cinese Meridionale e di utilizzare il suo potere economico per fare pressioni ed estendere la sua influenza su case di produzione cinematografiche, accademie, università, tramite premi e finanziamenti. Come se non bastasse, denuncia ingerenze cinesi nelle elezioni di *midterm* per evitare una vittoria di Trump.

Secondo alcuni analisti cinesi, il discorso di Pence dimostra che gli Usa hanno definitivamente gettato la maschera: vogliono contenere l'ascesa della Cina, proprio come hanno fatto con l'Urss. La requisitoria del vicepresidente americano viene paragonata al discorso sulla «cortina di ferro» pronunciato dal premier inglese Winston Churchill nel 1946 per indicare la frattura territoriale e ideologica fra i paesi dell'Europa orientale e quelli dell'Europa occidentale. Comincia quindi, con fasi di intensità variabile, una lunga e schietta contrapposizione diretta tra le due potenze, che trova nella negoziazione sui dazi la sua espressione più forte.

Nonostante a gennaio 2020 sia stato siglato l'accordo che

ha chiuso la fase 1 della guerra commerciale, un'intesa che contribuirà a diminuire l'intensità degli scontri commerciali tra le due superpotenze, il conflitto è destinato a protrarsi a lungo: nessuno dei due belligeranti sembra disposto a retrocedere totalmente dalle proprie posizioni. La posta in palio è alta per entrambi. Trump vuole mantenere le promesse fatte agli americani in campagna elettorale e «punire» le pratiche scorrette cinesi; Pechino sa che soltanto garantendo alla sua economia un buon tasso di crescita potrà scongiurare contraccolpi per il suo equilibrio sociale interno.

Le accuse che il presidente americano muove alla Cina riguardano problematiche che esistono da molto tempo. Il deficit commerciale tra Cina e Stati Uniti, per esempio, ha cominciato a salire nei primi anni 2000 e ha continuato a crescere fino a raggiungere i 420 miliardi di dollari nel 2018. Ora, però, si fa più urgente anche un'altra questione. Nel 2015, infatti, il governo cinese ha lanciato il progetto Made in China 2025. Si tratta di un piano che rientra nel Sogno cinese di Xi Jinping e che ha come scopo il raggiungimento di un nuovo modello economico capace di stimolare la crescita non più attraverso la manifattura a basso costo, ma attraverso l'innovazione e l'utilizzo di nuove tecnologie. La Cina vuole spostarsi dalla «produzione di quantità» (la famosa «fabbrica del mondo»), alla «produzione di qualità». Il 5G, l'intelligenza artificiale, la robotica, i *big data*, i farmaci biotech, l'industria aerospaziale, energetica e delle apparecchiature elettriche sono alcuni dei settori al centro degli investimenti previsti da Pechino.

Xi Jinping è consapevole che la capacità di innovazione cinese in settori industriali strategici dipende ancora molto dalle tecnologie straniere. Un episodio eclatante, a questo proposito, ha riguardato ZTE, il secondo colosso delle telecomunicazioni del paese dopo Huawei. Nel 2018, in seguito alle accuse di violazione delle sanzioni economiche contro la Corea del Nord, gli americani hanno minacciato di interrompere la vendita di microchip di produzione statunitense causando la sospensione delle principali attività dell'azienda cinese. Il piano Made in China 2025 punta quindi a sviluppare l'innovazione indigena e a rendere competitive sui mercati globali le aziende cinesi che si occupano di settori tecnologicamente avanzati.

Gli Usa si sono garantiti la leadership del 3G e del 4G, Pechino è determinata a vincere la corsa al 5G perché sa che chi primeggerà in quella sfida tecnologica, assieme a quella dei microchip, dominerà il mercato. Da questo network ad altissima velocità, infatti, dipenderà l'intelligenza artificiale, e quindi servizi e prodotti (Internet delle cose, auto a guida autonoma, smart city, controllo dei dispositivi militari per la gestione della sicurezza, soprattutto la *cyber security*, il sistema dei rifiuti eccetera), ma anche, per esempio, il settore manifatturiero, con un impatto diretto sul Pil.

Non è un caso che negli ultimi anni gli investimenti cinesi in Europa e negli Stati Uniti si siano intensificati proprio per acquisire know-how tecnologico e trasferire le competenze in Cina. Si tratta di una sfida aperta al primato hi-tech americano e la possibilità che Pechino superi Washington nel settore tecnologico è un vero e proprio incubo per gli Stati Uniti, abituati ad avere da sempre il predominio in questo campo.

Quella che alcuni hanno definito la «più grande guerra commerciale della storia dell'economia», quindi, sottende in realtà una spietata competizione per la supremazia tecnologica mondiale, difficile da raffreddare anche con un eventuale e parziale accordo sulle tariffe doganali.

La partita contro Huawei

Quello tecnologico è un vero e proprio campo di battaglia. La supremazia hi-tech è l'obiettivo di generali risoluti fedeli ai profitti delle loro aziende così come ai valori della propria nazione.

Ren Zhengfei è un distinto ultrasettantenne cinese. Quando viene intervistato dai media, e ultimamente succede spesso, ostenta sempre calma e serenità. Parla di «ambizione» e di «ottenimento dei risultati grazie al duro lavoro». Lo può fare con cognizione di causa: nel 1987, a Shenzhen, ha fondato la compagnia di telecomunicazioni Huawei, entrata oggi nel mirino dell'amministrazione statunitense perché accusata di spionaggio. Quando gli chiedono come si senta davanti alle campagne americane contro la sua azienda, minimizza rispondendo che «se la luce si spegne all'Est, sarà l'Ovest a brillare, e se il Nord diventa buio, ci sarà sempre il Sud» e ricordando che, grazie ai proclami ostili di Trump, ora Huawei è conosciuta in tutto il mondo: «Per l'azienda, si tratta di un grande spot a un prezzo stracciatissimo».

La compagnia di Ren Zhengfei è l'espressione e il simbolo di ciò che la Cina aspira a diventare e di ciò che gli Stati Uniti più temono: un produttore low cost che nel corso degli anni riesce a rinnovarsi trasformandosi nel leader globale per lo sviluppo della tecnologia 5G. Il primo carattere, 华, *Húa*, deriva dalla parola «fiore», il simbolo del marchio, ma viene utilizzato anche per indicare la «Cina»; il secondo, 为, *wèi*, significa «azione» o «risultato». Insieme, letteralmente, i due ideogrammi significano «il successo cinese». Quando fonda Huawei con un capitale iniziale di 3000 dollari, Ren Zhengfei ha quarantaquattro anni, alle spalle una laurea in ingegneria civile e una carriera nell'unità di ricerca Information Technology dell'Esercito popolare di liberazione.

Huawei inizia il suo business assemblando centralini analogici per le poverissime campagne cinesi. Nel 1993 sperimenta il commutatore digitale più avanzato dell'epoca e comincia a personalizzare i servizi in base alle esigenze dei clienti locali, strategia che, unita alla grande capacità di Ren nell'instaurare rapporti molto stretti con le autorità provinciali, porta ben presto l'azienda ad aggiudicarsi la costruzione della prima rete nazionale di telecomunicazioni per l'esercito cinese. Nel 1996 Huawei diventa leader del settore in Cina, in seguito all'adozione da parte del governo di una politica esplicita di sostegno nei confronti dei produttori nazionali, che esclude di fatto dal mercato i concorrenti stranieri.

La filosofia che anima l'azienda si basa su alcuni capisaldi. Il primo è lo «spirito dei lavoratori combattenti». Nel 2010 la rivista «Nanfang Zhoumo» ha rivelato che, al momento di firmare il contratto, i nuovi dipendenti potevano scegliere due strade: essere «lavoratori semplici», godendo di tutti i diritti ma risultando svantaggiati nelle promozioni e negli scatti di carriera, oppure essere «lavoratori combattenti», in cambio della rinuncia ad alcuni benefit come gli straordinari o la maternità, ma con la possibilità di ricevere adeguamenti salariali o di essere promossi.

Il secondo è il cosiddetto «spirito del materasso»: i dirigenti Huawei di Shenzhen hanno regolamentato l'usanza di fare un pisolino dopo pranzo, abitudine in realtà molto comune negli uffici cinesi, installando un materasso sotto le scrivanie dei dipendenti. Tuttavia, soprattutto agli inizi, pare che il materasso servisse soprattutto a dormire in ufficio anche la notte, evitando di rincasare, a causa dei ritmi di lavoro massacranti.

Lo «spirito del lupo» è il terzo caposaldo, ovvero l'essenza dell'azienda, ispirata da un'indicazione data dallo stesso Ren Zhengfei negli anni Novanta: Huawei doveva essere come un lupo, avere un grande fiuto, un istinto competitivo e doveva tendere al sacrificio e al lavoro di gruppo.

Infine, dall'aprile 2012, la compagnia introduce un sistema di leadership «collettiva» in cui il ruolo di CEO cambia a rotazione: i tre più alti executive assumono a turno l'incarico per sei mesi.

Come abbiamo visto, Huawei in Cina comincia a operare prima nelle campagne e nei piccoli centri per poi espandersi anche nelle grandi città. A livello internazionale, si muove nello stesso identico modo: parte da paesi periferici e finisce per primeggiare sui più importanti mercati mondiali. Nei primi anni 2000 dissemina centri di ricerca in paesi come India, Olanda, Gran Bretagna, Australia. Una corsa inarrestabile culminata con un primo importante esordio nella lista del *magazine* americano «Fortune Global 500» nel luglio 2010, grazie a un fatturato annuo di 21,8 miliardi di dollari e un utile netto di 2,67 miliardi di dollari.

In Italia Huawei è conosciuta soprattutto per i suoi smartphone, ma in realtà, come abbiamo visto, opera a tutto campo nel settore delle telecomunicazioni: è leader nel 5G e produce e installa sistemi per le reti mobili e via cavo. Non solo. A partire dal 2008, tramite una sua società controllata che si chiama Huawei Marine Networks,[28] si è conquistata un'importante fetta della collocazione e gestione dei cavi sottomarini che trasportano i dati di Internet, diventando anche in questo settore una delle aziende più importanti a livello globale. Per gli Stati Uniti si tratta di un motivo di preoccupazione, perché per molto tempo Internet ha rappresentato la proiezione digitale dell'influenza americana nel mondo.

Negli ultimi decenni, infatti, la diffusione e il controllo della rete sono stati fondamentali per la globalizzazione a guida statunitense; ora, lo sono per il progetto di globalizzazione cinese, incarnato dalla Nuova via della seta. Fino a poco tempo fa era Washington ad avere il monopolio su circa un milione di chilometri di fibra ottica depositato sul fondo degli oceani, da cui passa più o meno il 97 per cento dei dati scambiati in rete. Oggi Huawei Marine è impe-

[28] La società è frutto di una joint venture con Global Marine Systems, azienda britannica che ne detiene il 49 per cento e possiede una flotta di navi attrezzate per la posa dei cavi sottomarini.

gnata in tutto il mondo nella costruzione e ristrutturazione di circa cento cavi sottomarini per le telecomunicazioni. È al lavoro per la posa di una nuova infrastruttura che collegherà Europa, Asia (Pakistan) e Africa (Gibuti) e nel 2018 ha ultimato un sistema di cablaggio che collega la città di Kribi, in Camerun, a Fortaleza, in Brasile, lungo 6000 chilometri e in parte di proprietà della China Unicom, un operatore direttamente controllato dal governo cinese.

I cavi sottomarini sono strettamente legati allo sviluppo della tecnologia 5G, e quando si dice 5G si sta parlando di dati, quelli che qualcuno ha definito «il nuovo petrolio», la «merce» oggetto di scambio nei prossimi decenni. Gli Usa temono che il 5G sarà il veicolo che permetterà alla Cina il sorpasso nella corsa verso l'intelligenza artificiale, anche grazie, come si è visto, al vantaggio di non possedere una normativa in materia di protezione dei dati e della privacy severa come quelle dei paesi occidentali.

Il primo allarme contro Huawei viene sollevato dal Congresso degli Stati Uniti nel 2012, in piena era Obama: «Sulla base di rapporti pubblici e riservati, non si può escludere che Huawei sia libera da influenze statali e quindi rappresenti una minaccia alla sicurezza degli Stati Uniti e dei suoi sistemi». Si teme che la compagnia cinese, attraverso le strutture di telecomunicazione, registri e monitori informazioni sensibili per la sicurezza e le passi al governo di Pechino. Il sospetto nasce dal contesto dell'ambiente economico cinese, in cui le aziende, anche se private, risultano spesso molto vicine e organiche al governo.

Huawei smentisce, ma non basta: nel 2013 non le è più permesso di lavorare ai cavi che collegano direttamente gli Stati Uniti e nel 2014 viene esclusa dagli appalti pubblici sul suolo americano. Il colosso cinese reagisce diversificando i suoi mercati e spostandosi verso Europa, Giappone, Medio Oriente e Africa. Nonostante non ci siano prove del fatto che

Huawei abbia compiuto azioni di spionaggio nei confronti di altri paesi, dopo l'estate del 2018 gli Usa intensificano le pressioni sugli alleati perché chiudano le porte alla compagnia cinese. Premono soprattutto sui paesi membri della cosiddetta Five Eyes – un'alleanza di cinque paesi anglofoni, cioè Australia, Canada, Nuova Zelanda, Regno Unito e Stati Uniti, che condividono informazioni di intelligence – e sull'Unione Europea. L'invito americano, soprattutto in Europa, porta all'avvio di indagini, ma non contempla l'esclusione di Huawei dai bandi come auspicato dagli Usa, tranne che nel caso dell'Australia, della Nuova Zelanda e del Giappone.

Alla fine del 2018 la questione Huawei si fa incandescente. Il 1° dicembre, mentre in Argentina è in corso il G20 e Xi Jinping e Trump sono a cena insieme per trovare un accordo per una tregua nella guerra dei dazi, a Vancouver, su richiesta degli Stati Uniti, viene arrestata, con l'accusa di aver violato l'embargo nei confronti dell'Iran, Meng Wanzhou, la responsabile finanziaria di Huawei. Non stiamo parlando di una manager qualsiasi, perché Meng Wanzhou è la figlia del fondatore Ren Zhengfei.

L'arresto e la richiesta di estradizione dal Canada da parte degli Stati Uniti vengono interpretati dalla Cina come «una dichiarazione di guerra» – la definizione appartiene a Hu Xijin, direttore del «Global Times», il quotidiano organo di partito in lingua inglese. Un'entrata a gamba tesa nel delicato dialogo per trovare un'intesa commerciale tra le superpotenze. La Cina chiede il rilascio immediato. Meng Wanzhou è libera su cauzione l'11 dicembre 2018, ma non può abbandonare il Canada.

Il 2019 segna un alternarsi di toni concilianti e minacce reciproche. A settembre, la *trade war* tra Stati Uniti e Cina finisce sul tavolo del WTO, quando Pechino presenta un ricorso per gli ultimi dazi imposti da Washington. Appare sempre più evidente come guerra delle imposte doganali e guerra tecnologica siano indissolubilmente legate. Nel corso del mese di maggio la mossa americana di inserire Huawei nella *entity list* del dipartimento del Commercio, una sorta di elenco delle società alle quali viene espressamente vietato l'acquisto di componenti made in Usa senza l'esplicito consenso del governo, è stata ritenuta da molti un mezzo per costringere Pechino a un accordo sul fronte commerciale. Per la compagnia di Ren Zhengfei si tratta di un colpo bassissimo, perché prevede il blocco della fornitura di microchip (settore in cui la Cina soffre ancora di un gap elevato con gli Usa) da parte di aziende come Intel, Qualcomm, Micron Technology e, soprattutto, provoca la decisione di Google di sospendere la dotazione del sistema operativo Android negli smartphone Huawei.

Il blocco alla fine viene rinviato più volte, ma a settembre 2019 Huawei presenta comunque due nuovi modelli di smartphone con l'interfaccia Emui10 basata sì su Android, ma senza i servizi e le app di Google. In Cina, non si nota la differenza, perché gli applicativi del celebre motore di ricerca non sono comunque disponibili da tempo e quindi Huawei vende i propri cellulari con una versione modificata di Android. In Europa, Africa e India, invece, paesi dove gli utenti sono abituati a utilizzare i servizi di Gmail, a consultare YouTube e soprattutto a rifornirsi sul Play Store, le conseguenze potrebbero farsi sentire. Huawei rischia di perdere una fetta importante del suo mercato, visto che nel 2018 quasi la metà dei 107 miliardi di dollari dei suoi introiti è derivata dalla vendita di smartphone.

L'azienda cinese non sta alla finestra, corre ai ripari e annuncia lo sviluppo del suo sistema operativo autonomo. Ad agosto 2019, la creatura di Ren Zhengfei presenta HarmonyOS, in cinese 鸿蒙 (*hóngméng*), che letteralmente vuol dire «principio vitale». In mandarino, la sua pronuncia è simile (basta cambiare i toni) a quella dei due caratteri che significano «sogno rosso» 红梦 (*hóngmèng*) e che richiamano immediatamente lo slogan del Sogno di Xi Jinping. Ciò che per i cinesi rappresenta il Sogno cinese di ascendere a potenza economica e tecnologica, per il resto del mondo si chiama «armonia». Una perfetta rappresentazione della strategia geopolitica che Pechino vuole comunicare: un ordine mondiale retto dal principio di non interferenza negli affari interni degli altri paesi e dalla logica pragmatica del *win-win*, una posizione antiegemonica e pluralista nelle relazioni con il resto del mondo.

Il principio vitale nella cosmologia cinese rappresenta l'energia che attraversa il caos originario prima della formazione dell'universo. È uno stato in cui il cosmo è fertile e pronto a sbocciare. Quindi per gli sviluppatori di HongmengOS ci troviamo nell'imminenza della nascita di un nuovo ordine, quello dell'intelligenza artificiale. Non è un caso, infatti, che inizialmente HarmonyOS non sia stato concepito per far funzionare gli smartphone, ma solo applicazioni per l'Internet delle cose: automobili a guida autonoma, schermi e visori per la realtà aumentata, elettrodomestici «intelligenti» e via dicendo.

A settembre 2019 Ren Zhengfei rilascia un'intervista all'«Economist» in cui dichiara che Huawei potrebbe vendere a una rivale occidentale tutti i suoi brevetti, le sue licenze, i suoi codici e il suo know-how sul 5G per un importo una tantum, senza però interrompere la propria attività di ricerca e sviluppo di nuove tecnologie. Un simile esito implicherebbe per la società acquirente la possibilità di generare nuovi codici. Di conseguenza, né Pechino né la stessa Huawei avrebbero più il controllo sulle infrastrutture di telecomunicazione, disinnescando così le accuse di minaccia alla sicurezza nazionale sollevate dall'amministrazione Trump.

Pechino non è rimasta inerte davanti alle provocazioni americane. A inizio dicembre 2019, infatti, è stata resa pubblica una direttiva del Partito comunista che ordina la sostituzione dei computer e dei software stranieri in tutti gli uffici governativi entro tre anni. Una mossa che sembra accelerare ulteriormente il piano di Xi Jinping per rendere autosufficiente la Cina dal punto di vista tecnologico, ma che rappresenta anche una chiara ritorsione contro la decisione del presidente Trump di impedire a Huawei di fare affari negli Stati Uniti.

Le politiche della Casa Bianca hanno provocato il rallentamento della lunga marcia cinese – la crescita economica di Pechino è ai minimi da ventinove anni[29] per i contraccolpi della *trade war* – ma non l'hanno fermata.

Negli ultimi decenni, l'Aquila e il Dragone hanno sviluppato una reciproca dipendenza: economica, con la Cina nei panni del secondo più grande creditore degli Usa dopo il Giappone, e tecnologica, per le dinamiche che abbiamo descritto fino a qui. L'*America first* di Trump ha eletto la rete a nuovo terreno di scontro. La massima palestra di libertà, nell'accezione dei suoi ideatori occidentali, sembra paradossalmente rincorrere a livello globale la versione spuria introdotta dai cinesi, con il modello protezionistico del «web chiuso».

I tempi in cui l'Occidente pensava che Internet sarebbe diventato il cavallo di Troia per esportare il sistema democratico in Cina sono ormai lontanissimi. Non solo in questi decenni si è sviluppata un'Internet «con caratteristiche cinesi» delimitata e impermeabile alle influenze esterne, ma addirittura questo modello ha saputo imporsi anche in altri paesi. Washington e Pechino si scornano mentre cercano di costruire un sistema più chiuso e indipendente. Il regno tecnologico americano ha ancora formalmente l'obiettivo di «connettere il mondo», ma in realtà si sta chiudendo sem-

[29] Orange Wang, *China GDP growth last year was 6.1 per cent, slowest rate for 29 years*, «SCMP», 17.01.2020, https://www.scmp.com/economy/china-economy/article/3046476/china-gdp-growth-last-year-was-61-cent-slowest-rate-29-yearsl

pre più. Uno scenario plausibile è la nascita di due sistemi contrapposti, indipendenti l'uno dall'altro, ciascuno alla ricerca dei propri alleati nel resto del mondo.

Il giornalista Simone Pieranni, esperto di Asia e attento osservatore dei progressi tecnologici del Dragone, sostiene che questo nuovo bipolarismo digitale, destinato a influenzare gli equilibri planetari, ci interroghi soprattutto riguardo al tema del possesso dei dati. Nel suo libro *Red Mirror. Il nostro futuro si scrive in Cina* descrive la differenza tra i due modelli attualmente in atto: «Nel nostro mondo i dati sono gestiti da aziende che li utilizzano per fini privati, mentre in Cina è lo Stato a disporre delle informazioni sui propri cittadini».

Anche a livello digitale, quindi, due idee di rete globale prevedono due idee di globalizzazione differenti.

Per moltissimo tempo gli Usa hanno sottovalutato la Cina, che, silenziosamente, ha dimostrato di seguire lo slogan denghiano del 韬光养晦 (*Tāoguāngyǎnghuì*), «Nascondi le tue capacità e attendi il tuo tempo». Oggi devono fare i conti con il suo presentarsi sul palcoscenico mondiale come un competitor di pari livello. Questo atteggiamento coinvolge anche questioni territoriali spinosissime in cui il Celeste Impero ha da sempre mal sopportato le ingerenze straniere.

VI

Una sola e indivisibile

> Ottenere cento vittorie in cento battaglie non è dimostrazione di grande abilità. Soggiogare il nemico senza combattere rappresenta la vera vetta dell'arte militare.
>
> SUN ZI, generale e filosofo

Xing Xing, Tuan Tuan, Yuan Yuan, Meng Meng e Jiao Qing. Questi nomi forse non vi diranno molto, eppure appartengono tutti a celebri ambasciatori cinesi al centro di controversie diplomatiche, che ci consentiranno di affrontare alcuni temi caldi nelle relazioni del Celeste Impero con il resto del mondo, e di fare il punto sull'idea che questo grande paese ha di se stesso. Cosa leghi, a parte il ruolo, gli ambasciatori sopra citati è presto detto: l'essere degli esemplari di *Ailuropoda melanoleuca*, comunemente conosciuti come panda giganti o panda maggiori. Per noi, il più raro tra gli orsi è soprattutto l'emblema della fauna da proteggere da quando, nel 1961, è diventato il simbolo del WWF, ma in Cina questo animale è considerato «tesoro nazionale»: incarna la natura benevola, l'unicità e l'antica cultura del paese ed è ritenuto uno strumento imprescindibile del *soft power,* fondamentale per esportare un'immagine affabile del Dragone.

Non esiste una data precisa che segni la nascita della cosiddetta «diplomazia del panda», ma sembra che il suo primo manifestarsi risalga al 685, quando l'imperatrice Wu Zetian, della dinastia Tang, regalò una coppia di orsi bianchi e neri al vicino Giappone.

In tempi più recenti, è interessante ricordare l'invio di panda agli alleati Urss e Corea del Nord da parte di Mao Zedong, in seguito alla nascita della Repubblica popolare cinese. Ancora, il famoso viaggio del presidente americano Richard Nixon in Cina del 1972, di cui si è parlato nel capitolo V, fu accompagnato dal dono di due orsi destinati al National Zoo di Washington DC. Tali gesti hanno contribuito a diffondere a livello planetario l'immagine del simpatico animale, generando una sorta di innamoramento collettivo nei suoi confronti che ha incentivato la spedizione di altri esemplari in molti paesi occidentali nella decade successiva: Germania, Regno Unito, Spagna, Francia.

Nel 1996 lo zoo di San Diego ha affittato una coppia di panda per dodici anni, al costo di un milione di dollari all'anno, inaugurando di fatto la pratica più recente della *panda diplomacy* «temporanea». I panda, infatti, non si regalano più: si prestano. Dal canto suo la Cina, destinataria degli introiti dei leasing, promette di investire i denari raccolti in tutti i continenti per potenziare ulteriormente la salvaguardia del suo animale simbolo, nonostante qualche osservatore abbia lamentato la scarsa trasparenza nella gestione di tali risorse. Negli ultimi anni il valore politico del panda ha finito per oscurarne l'aspetto di «animale in via di estinzione»: mentre la sopravvivenza della specie è sempre meno a rischio (specie che nelle classificazioni degli esperti alla fine del secolo scorso era considerata «rarissima», e che ora è definita «vulnerabile»), tra il 2015 e il 2017 il numero di panda negli zoo del mondo è quasi raddoppiato, raggiungendo la cifra di settanta esemplari in venti paesi, contro i quarantadue sparsi in dodici paesi del 2015.

Questo incremento è dovuto soprattutto al grande accento che Xi Jinping pone sul *soft power* mentre candida la Cina a nuova guida dell'ordine mondiale. Pare infatti che sia il presidente in persona a firmare gli accordi che inviano i panda in giro per il mondo, e soprattutto sembra che la richiesta debba essere espressa direttamente dal capo di Stato interessato a ospitarli, un retaggio di antiche usanze per cui l'imperatore cinese accoglieva le richieste dei vicini.

Non è un caso che molti recenti leasing di panda abbiano coinciso con la firma di importanti accordi commerciali, e che varie restituzioni siano avvenute in caso di comportamenti poco condivisi dal Dragone. La riconsegna del panda Tai Shan alla Cina da parte del National Zoo di Washington nel 2010, per esempio, è stata interpretata da molti osservatori come una risposta alla decisione dell'allora presidente degli Stati Uniti Barack Obama di incontrare il Dalai Lama. La struttura della capitale statunitense si era detta disponibile a un rinnovo del prestito, ma i cinesi sono stati inflessibili.

La condizione inderogabile, propedeutica allo scambio, è infatti molto precisa: il paese che riceve un panda non deve mettere in discussione la legittimità del Partito comunista cinese e i principi dell'«unica Cina» e di «un paese, due sistemi», che presuppongono rispettivamente l'appartenenza del Tibet e di Taiwan alla Repubblica popolare cinese e la subordinazione di Hong Kong alla sovranità di Pechino, nonostante il differente ordinamento istituzionale e lo speciale sistema economico.

Meng Meng e Jiao Qing: Hong Kong

Per l'occasione, Angela Merkel ha scelto una giacca squadrata azzurra. Attende concentrata con la sua caratteristica espressione seriosa, simile a un'attrice che sta ripassando la parte. Arriva il corteo di Mercedes da cui scendono Xi Jinping e la *first lady* Peng Liyuan. L'occasione è solenne: siamo nel luglio 2017. Sta per aprirsi ad Amburgo il G20, il primo ospitato dalla Germania e il terzo organizzato da un paese dell'Unione Europea. L'anno precedente la Cina è diventata il primo partner commerciale dei tedeschi. Lanterne cinesi pendono dagli alberi del Panda Garden dello zoo di Berlino, la cravatta di Xi Jinping ha lo stesso colore della giacca della cancelliera. I due si avvicinano a una grande teca, le tende rosse si spalancano e svelano Meng Meng (Piccolo Sogno) e Jiao Qing (Piccolo Tesoro), una coppia di panda giganti. Dalla morte, nel 2012, di Bao Bao, regalo del governo di Pechino al cancelliere tedesco Helmut Schmidt all'inizio degli anni Ottanta, lo zoo della capitale non ospita più questo animale. Meng Meng e Jiao Qing, che divorano avidamente bambù al cospetto di Angela Merkel e Xi Jinping, sono il simbolo della salute di cui godono le relazioni tra i due paesi in vista del summit. Eppure, non passa molto tempo ed ecco che i due speciali ambasciatori diventano causa di tensione diplomatica.

Nell'agosto 2019 Meng Meng dà alla luce due cuccioli. Un evento raro, visto che, come è noto, gli esemplari maschi e femmine di questa specie hanno una libido bassissima e si accoppiano solo per due o tre giorni all'anno. I piccoli orsi fanno subito il loro ingresso nel dibattito politico perché alcuni tabloid tedeschi invitano a scegliere per loro i nomi «Hong» e «Kong», una sorta di riconoscimento alle proteste in corso da mesi nelle strade dell'ex colonia britannica, regione amministrativa cinese che gode di un regime di semiautonomia. A noi potrà sembrare soltanto una provocazione, ma per la Repubblica popolare si tratta di un vero e proprio affronto da parte del paese che è sì un solido partner economico, ma che nel contempo rappresenta anche un rifugio per numerosi dissidenti cinesi (tra gli ultimi esuli ricordiamo Liu Xia, la moglie del premio Nobel Liu Xiaobo).

A partire dal giugno 2019, infatti, il Porto Profumato (Hong Kong in mandarino) è scosso da un'ondata di proteste, innescate da un emendamento alla legge sull'estradizione discusso nel parlamento cittadino. Qualora fosse stato approvato, il provvedimento avrebbe consentito il trasferimento degli imputati per gravi reati come lo stupro e l'omicidio nella Cina continentale. Le dimostrazioni si sono presto allargate, indirizzandosi contro il governo di Hong Kong e contro la Cina.

Non è la prima volta che le piazze di Hong Kong reagiscono di fronte ai tentativi di intrusione da parte di Pechino: nel settembre 2014 la cosiddetta «rivoluzione degli ombrelli», con le sue occupazioni a Central, il distretto finanziario della città, aveva attirato gli sguardi di tutto il mondo. Migliaia di manifestanti avevano riempito le strade utilizzando come scudo contro i lacrimogeni della polizia dei comuni ombrelli gialli, diventati poi il simbolo della protesta.

Allora, a scatenare l'indignazione popolare era stato l'annuncio di una riforma elettorale, sempre decisa da Pechino, per le successive elezioni locali. Erano scesi in piazza gli studenti del gruppo Scholarism, l'organizzazione capeggiata dal diciassettenne Joshua Wong, l'attivista spesso presente sui giornali occidentali al quale, a fine novembre 2019, è stata negata l'autorizzazione a viaggiare in Europa a causa del pericolo di fuga – sarebbe dovuto venire anche in Italia – e i movimenti spontanei come Occupy Central, già da tempo impegnato nella richiesta di libere elezioni nell'ex colonia.

Hong Kong regge il suo delicato equilibrio con la Repubblica popolare sulla politica «un paese, due sistemi», il principio stabilito da Deng Xiaoping che da un lato riafferma l'unità nazionale del Celeste Impero e dall'altro riconosce alla città una condizione speciale, caratterizzata da un proprio ordinamento giuridico, politico e legislativo, un proprio sistema economico e un alto grado di autonomia in tutti i campi, a eccezione di affari esteri e difesa. Non è stato sempre così.

Dalla metà dell'Ottocento, il Regno Unito ha esercitato il suo potere sulla città. Risale invece a cent'anni più tardi la Dichiarazione congiunta sino-britannica, firmata a Pechino dall'allora premier Margaret Thatcher e da Deng Xiaoping, nella quale si stabiliva il ritorno a far parte della Cina di tutti i territori di Hong Kong (l'ex colonia si compone dell'isola di Hong Kong, della penisola di Kowloon e dei Nuovi Territori) a partire dall'estate del 1997, con l'impegno solenne della Cina a mantenere intatto il sistema economico e politico della città fino al 2047. Nei primi anni dopo la riunificazione, il Porto Profumato ha rappresentato il volto dinamico e all'avanguardia della Cina. Le megalopoli del continente hanno guardato all'ex colonia di Sua Maestà la Regina come a un modello da imitare.

Ora, però, le differenze sembrano essersi attenuate. Anche gli uomini d'affari di Shanghai e Chongqing parlano ormai un fluente inglese nei salotti dell'economia mondiale e la soggezione verso la prospera cugina affacciata sul Mar Cinese Meridionale è venuta meno. Non è un caso che uno degli strumenti che Pechino intende usare per neutralizzare le spinte centrifughe provenienti dall'ex colonia britannica sia quello di inglobare la città portuale nella cosiddetta «area della grande baia Guangdong - Hong Kong - Macao», una gigantesca conurbazione di quasi settanta milioni di abitanti collegata da infrastrutture all'avanguardia, un tessuto economico integrato a guida rigorosamente cinese. Un progetto che fa paura a molti, sotto lo *skyline* mozzafiato di Hong Kong.

Nell'ex colonia vige la cosiddetta *basic law*, fondata sulla *common law* britannica e attenta a tutelare diritti diversi rispetto al *corpus* legislativo dei cinesi continentali, e si tengono elezioni a cui è solito presentarsi un ampio ventaglio di formazioni politiche. Il capo dell'esecutivo, tuttavia, è indicato da un ristretto comitato elettorale, individuato attraverso complessi meccanismi gestiti nella sostanza dal governo cinese. Non potendo esercitare pienamente la facoltà di voto, i cittadini di Hong Kong compensano questa privazione appellandosi al diritto di manifestare, portando in piazza le loro istanze. Temono che il Dragone stringa le redini attorno allo statuto speciale della città e sono risoluti, specie i più giovani, a difendere le libertà previste dalla Dichiarazione congiunta sino-britannica.

In una fase storica caratterizzata da disuguaglianze sociali e sperequazioni, la classe politica e quella degli imprenditori hanno visto progressivamente offuscarsi la loro immagine e sono percepite come distanti, ripiegate sui propri interessi e sempre più proiettate verso il governo di Pechino. Dal canto suo, la Repubblica popolare non può allentare la presa perché Hong Kong è un attore imprescindibile nel suo sistema finanziario, un vero ponte tra la Cina e il resto del mondo, e, soprattutto, perché cedere potrebbe creare un effetto domino e mettere in crisi gli equilibri politici anche in altre aree del paese.

A distanza di mesi dallo scoppio della protesta contro la riforma della legge sull'estradizione, la situazione nell'ex colonia britannica ha subito così una drammatica escalation: è lievitato il numero dei feriti e ci sono state le prime vittime. Gli scontri di piazza si sono trasformati in una vera e propria guerriglia urbana. L'uso della violenza da parte sia delle forze dell'ordine sia dei manifestanti è diventato quasi una prassi. I fotoreporter e i media di tutto il mondo hanno immortalato l'utilizzo di laser, gas lacrimogeni, pistole e bombe incendiarie, l'erezione di barricate, l'accensione di fuochi, la costruzione di rudimentali trincee di mattoni, l'utilizzo di frecce. Per alcuni giorni il politecnico della città è diventato il simbolo della resistenza degli studenti, che si sono difesi contro l'assedio della polizia finché non sono stati sgomberati.

A ottobre è stato raggiunto il traguardo del ritiro del provvedimento sull'estradizione, ma le proteste non si sono attenuate. Il governo di Pechino non ha fornito risposte alle altre quattro richieste dei manifestanti (la derubricazione delle manifestazioni classificate come «rivolte», un'inchiesta sui comportamenti brutali della polizia durante gli scontri, il rilascio degli arrestati e maggiori libertà democratiche). Anzi, ha più volte rimarcato l'intenzione di ripristinare l'ordine il prima possibile e di non tollerare ingerenze straniere che mettano in discussione la dottrina «un paese, due sistemi».

Il presidente Xi Jinping si è espresso per la prima volta su Hong Kong, in un contesto internazionale, dopo sei mesi dallo scoppio della protesta, mentre si trovava a Brasilia per un summit dei paesi BRICS, e le sue parole sono state tutt'altro che concilianti: «Continueremo a sostenere fermamente il capo dell'esecutivo alla guida del governo della Regione amministrativa speciale, in modo che possa governare in conformità con la legge, seguiteremo a supportare la polizia di Hong Kong nell'applicazione rigorosa della legge e a sostenere gli organi giudiziari regionali nel punire severamente i violenti criminali in conformità con la legge».[30]

Mesi di contrasti politici e manifestazioni di piazza hanno lasciato il segno sia dal punto di vista sociale, con una tensione che sembra non allentarsi anche alla luce dei risultati delle elezioni locali di novembre (le uniche a suffragio universale), che hanno visto la netta vittoria dei candidati pro-democrazia, sia dal punto di vista economico. Nell'ex colonia tra luglio e settembre 2019 la crescita economica si è ridotta del 3,2 per cento. I numeri parlano chiaro: Hong Kong è tecnicamente in recessione. I settori più colpiti sono quelli del turismo (-40 per cento i visitatori ad agosto) e delle vendite al dettaglio, che sono calate di quasi un quarto.

La prima reazione dell'opinione pubblica del Celeste Impero ai disordini di Hong Kong ha visto emergere un sen-

[30] Huaxia, *Xi says HK's most pressing task is to end violence, chaos and restore order*, «Xinhua», 14.11.2019, http://www.xinhuanet.com/english/2019-11/14/c_138555639.htm

timento di solidarietà verso i giovani scesi in piazza. Per questa ragione Pechino ha inizialmente applicato una censura integrale sulle notizie provenienti dalla città portuale, sia sulla rete sia nei media. Col passare del tempo, però, la percezione delle proteste è cambiata radicalmente, in particolar modo perché gli scontri si sono protratti anche dopo il ritiro della proposta di legge sull'estradizione. I cinesi della terraferma hanno presto preso le distanze dalle frange più agguerrite dei manifestanti, stringendosi attorno alla madrepatria sotto attacco.

Nella Cina continentale serpeggia ormai la convinzione che le proteste non abbiano più nulla a che fare con quella complessa questione legale, ma siano il frutto di un'operazione di destabilizzazione anglo-americana, finalizzata a separare la regione di Hong Kong dal corpo imponente del Celeste Impero. La firma del presidente americano Donald Trump, nel novembre 2019, in calce all'Hong Kong Human Rights and Democracy Act – un disegno di legge che vincola il trattamento riservato dagli Usa a Hong Kong a revisioni periodiche sulla situazione dei diritti umani e civili, attraverso controlli annuali sullo *status* «autonomo» dell'ex colonia e la possibilità di sanzionare funzionari che operino contro questo *status* – rischia di rafforzare tale visione.

Per i cinesi esiste un confine invalicabile che circonda l'integrità fisica della nazione. La solidarietà verso i ribelli di Hong Kong è quindi sopravvissuta fino a quando questi ultimi non hanno oltrepassato quel limite. Il governo di Pechino si è affrettato a cavalcare tale repulsione verso i toni indipendentisti, demonizzando con sempre maggior forza i manifestanti, e non ha esitato ad alzare la voce contro «le ingerenze negli affari interni della Cina» da parte di altri paesi. La provocazione di chiamare Hong e Kong i baby panda dello zoo di Berlino in solidarietà ai manifestanti è, per Pechino, un esempio di questo atteggiamento.

Il nazionalismo sostenitore della stabilità e dell'unità inviolabile è oggi la vera grande ideologia dei cinesi, il vero collante tra il popolo e il partito unico che si propone di dar voce alle sue istanze. Il PCC si autorappresenta come la forza che ha saputo storicamente respingere le pressioni estere sui confini e che ha scritto la parola fine al «secolo delle umiliazioni» perpetrate dagli stranieri.

Il culto della nazione è ormai un ingrediente irrinunciabile nei progetti egemonici del governo del Dragone, un elemento che, una volta instillato nelle masse, può diventare un antidoto efficace contro le residue velleità indipendentiste di realtà come quella di Hong Kong. Infatti, la città rappresenta un banco di prova per il futuro di Taiwan e di altre regioni calde dello scacchiere cinese, come lo Xinjiang e il Tibet, interessate entrambe da movimenti separatisti. Oggi ancora più di ieri, forse, perché la Cina di Xi Jinping, come abbiamo visto, è proiettata verso l'esterno alla ricerca di una dimensione globale, che sarebbe impossibile in un quadro di disordine interno. Da decenni, l'incubo dei collassi sovietico e iugoslavo toglie il sonno ai governanti cinesi: ogni spinta centrifuga rappresenta una crepa che può ingrandirsi e mettere in crisi l'unità e la stabilità della nazione, sostituendo la «società armoniosa» con la «società del caos». Per questo Pechino, nelle regioni a rischio, non transige e non scende a compromessi.

I «fake panda» dello Xinjiang

Il clima dello Xinjiang, la più arida tra le regioni cinesi, non si addice alla vita degli animali selvatici, figuriamoci a quella del delicatissimo «tesoro della Cina». Tuttavia, negli ultimi anni alcuni panda hanno fatto la loro comparsa nella prefettura di Asku, confinante con il Kirghizistan. Attenzione, però: sono finti, sono *fake*. Hanno il compito di far sognare i bambini, di farli sorridere, all'interno di una struttura dove tutto è altrettanto posticcio, chiamata Happiness Park. Un parco dei divertimenti sorto sopra un antico cimitero della locale minoranza etnica musulmana, irrimediabilmente profanato. Altrove nella regione le tombe degli uiguri sono state distrutte e traslocate presso siti funebri moderni e scrupolosi nel rispettare le normative igieniche, in un processo di «standardizzazione» della cultura tradizionale.

Nell'attuale momento storico molti media si riferiscono alla regione autonoma dello Xinjiang – situata nella parte occidentale del paese, e appartenente alla Cina dalla seconda metà del Settecento – definendola un «esperimento di ingegneria sociale».

Geograficamente e culturalmente l'area è legata ai paesi dell'Asia occidentale, soprattutto al Kazakistan. Negli anni Trenta e Quaranta del Novecento, durante la guerra civile cinese, è finita sotto il controllo dell'Urss, ma nel 1950 è tornata definitivamente a far parte della Repubblica popolare cinese. È una regione di frontiera fondamentale per la Cina sia per la produzione di idrocarburi sia perché, confinando con otto Stati, è uno degli snodi geostrategici più importanti del progetto della Nuova via della seta. Il tratto distintivo della regione risiede nella matrice culturale della minoranza etnica ospitata dalla sua arida terra: gli uiguri, etnia turcofona di religione islamica. In Cina sono presenti cinquantasei minoranze etniche. Quelli che noi definiamo «cinesi» appartengono al gruppo principale degli han, che include più del 92 per cento della popolazione della nazione.

Il governo centrale, nello Xinjiang, da tempo attua contromisure nei confronti delle rivendicazioni indipendentiste. Le prime repressioni dell'autorità centrale cinese risalgono all'epoca di Mao Zedong, ma è negli ultimi vent'anni che la reazione del Dragone alle spinte autonomiste dell'etnia uigura ha subito un'escalation. Con la campagna Go West, lanciata oltre un decennio fa, il governo ha promosso incentivi per le imprese disposte ad avviare attività nella regione, nella convinzione che i riflessi dello sviluppo economico potessero fermare i propositi autonomisti. In realtà, secondo gli uiguri, i proventi di questi investimenti hanno arricchito soltanto la componente han della popolazione, acutizzando ulteriormente il risentimento verso Pechino e risvegliando i gruppi indipendentisti.

A partire dagli anni Novanta, il livore anticinese è sfociato spesso in atti di violenza. Il pericolo di «terrorismo, separatismo ed estremismo religioso» da parte di esponenti della minoranza uigura è alla base delle politiche delle autorità cinesi che in varie occasioni hanno reagito con sorveglianza e repressione sempre maggiori, soprattutto a partire dal 2009, quando nella capitale Ürümqi c'è stato un violentissimo scontro tra polizia e popolazione uigura, durante il quale sono morte circa duecento persone. La regione è stata letteralmente isolata e tra il 2014 e il 2017, all'interno del programma chiamato «Uniti come un'unica famiglia» (结对认亲, *Jiéduì rèn qīn*), sono stati inviati nell'area circa un milione di cinesi han, che ora rappresentano il 40 per cento della popolazione, contro il 20 per cento di qualche decennio fa.

L'antropologo dell'università di Washington, esperto di quest'area della Cina, Darren Byler, ha scritto che chi oggi viene trasferito temporaneamente nello Xinjiang dal governo centrale assume il ruolo di «fratello o sorella maggiore» degli uiguri. Di solito si tratta di dipendenti statali a cui viene promessa una promozione o prospettato il licenziamento in caso di rifiuto. Il loro compito è quello di trasformarsi in «parenti» di una famiglia dello Xinjiang, installarsi in casa e diventare una sorta di sorveglianti che prendono nota dei comportamenti: verificano che gli uiguri conversino in mandarino, svolgano esercizi di calligrafia, cantino canzoni patriottiche e guardino i programmi della Tv ufficiale.

Gli han hanno il compito di educare un'intera popolazione alla cultura nazionalista e al sentimento di devozione a

Xi Jinping e al Sogno cinese. Osservano, prendono appunti e segnalano chi non sembra avere un corretto livello di fedeltà al paese, condannandolo a essere spedito in quelli che il governo cinese ha definito «centri di trasformazione attraverso l'istruzione» e «centri di addestramento per combattere l'estremismo», ma che la comunità internazionale criticamente chiama «campi di rieducazione».[31] Diverse organizzazioni per i diritti umani e molti media occidentali hanno infatti denunciato l'esistenza di un sistema di strutture di detenzione in cui sarebbe recluso un milione di uiguri, costretti a subire abusi e violenze.

La rivelazione, alla fine del 2019, dei cosiddetti *Xinjiang papers* – quattrocento pagine di documenti interni al PCC, passati al «New York Times» da un anonimo funzionario cinese – ha confermato le testimonianze che da tempo segnalano le repressioni nella regione. La reazione del Dragone non si è fatta attendere, con la classificazione dei *papers* a «pure invenzioni e *fake news*».[32] Il governo cinese ha infatti sempre negato un piano sistematico di detenzione di massa, ma non ha mai smentito l'esistenza dei campi e delle politiche di controllo. Anzi: sostiene che abbiano reso possibile «l'eliminazione del terrorismo» e il ritorno a «una vita normale grazie all'educazione contro l'estremismo»[33] per molti cittadini uiguri.

Nello Xinjiang gli apparati di sicurezza non fanno sconti a nessuno. È il caso, per esempio, di Erfan Hezim, un gio-

[31] Darren Byler, *China's Government Has Ordered a Million Citizens to Occupy Uighur Homes. Here's What They Think They're Doing*, Chinafile.com, 24.10.2018, http://www.chinafile.com/reporting-opinion/postcard/million-citizens-occupy-uighur-homes-xinjiang

[32] È quanto afferma l'Ambasciata cinese a Londra, cfr. *China's response to the leaked Xinjiang camp cables*, «The Guardian», 24.11.2019, https://www.theguardian.com/world/2019/nov/24/chinas-response-to-the-leaked-xinjiang-camp-cables

[33] *Western media report on Xinjiang lacks morality*, «Global Times», 17.11.2019, http://www.globaltimes.cn/content/1170335.shtml

vane e promettente calciatore. Il suono del suo nome potrebbe far pensare che vesta la maglia della Turchia. In realtà, Hezim indossa la casacca della Cina e ha avuto modo di distinguersi nel ruolo di attaccante nelle rappresentative nazionali giovanili, e con la maglia del Jiangsu Suning (la squadra del miliardario Zhang, proprietario anche dell'Inter). Con il suo team il calciatore ha partecipato, a inizio 2018, a una breve tournée in Spagna, dove ha fatto in tempo a scattare un selfie con il suo idolo Lionel Messi, e negli Emirati arabi uniti.

Il passaggio per Dubai, e quindi per un paese in cui l'islam è religione di Stato, è un azzardo per chi come lui appartiene all'etnia uigura e parla una lingua turcofona. Le autorità di polizia cinesi sono intervenute duramente nei suoi confronti. A febbraio 2018, di Hezim si sono perse le tracce: i suoi molti fan hanno subito pensato all'internamento in un campo di rieducazione. Per un anno, a nulla sono valse le richieste di chiarimento sui motivi della scomparsa e gli appelli alla liberazione da parte della Fédération Internationale des Associations de Footballeurs Professionnels. Fino al febbraio 2019, quando, grazie all'eco in Occidente della notizia del suo arresto, il calciatore è improvvisamente ricomparso e ha ripreso ad allenarsi con il Suning. Sui social cinesi, sia lui sia il suo coach hanno pubblicato foto degli allenamenti della squadra, nelle quali si vede Hezim correre regolarmente con i compagni. Il suo post di accompagnamento è stato: «Grazie al Partito comunista e al governo che mi hanno regalato un palcoscenico per realizzare i miei sogni».

È stato ancora una volta il già citato Darren Byler a illustrare bene la prospettiva cinese sulla questione dello Xinjiang, grazie a una serie di interviste ad alcuni dei cinesi han mandati nella provincia a diffondere i valori patriottici. Ha scritto Byler: «I "parenti" con cui ho parlato, che in nome dello Stato separano le famiglie e mandano le persone nei campi di rieducazione, pensano di fare solo il "proprio lavoro". Sono certo della loro buona fede. La maggior parte di loro semplicemente non ha mai pensato all'orrore di quello che sta facendo. Non hanno accesso alla stampa libera e la maggior parte non sa o non crede che i centri di rieducazione siano una forma tipicamente cinese di campi di concentramento, dove i detenuti vengono picchiati e torturati, né che gli uiguri e le altre minoranze sono convinti di essere mandati lì per punizione. Solo uno su dieci degli han che ho intervistato pensa che i campi di rieducazione siano prigioni per persone colpevoli di appartenere alla religione o all'etnia sbagliata».[34]

Oltre che per la presenza dei campi di detenzione, lo Xinjiang è finito sotto la lente della comunità internazionale anche per essere uno dei luoghi più sorvegliati del pianeta. La Human Rights Watch, l'ONG che si occupa della difesa dei diritti umani, ha infatti denunciato[35] l'utilizzo invasivo di nuove tecnologie – *big data*, intelligenza artificiale, riconoscimento facciale – per attuare controlli sempre più stringenti che portano ad arresti arbitrari. Sembra si debba a Chen Quanguo, il segretario del Partito comunista della regione dal 2016, la regia della stretta contro gli abitanti di etnia uigura: ci sarebbe lui sia dietro le forme sperimentali di controllo sociale, sia dietro i campi di lavoro. Con Chen Quanguo si è visto un rafforzamento senza precedenti dei corpi di polizia, equipaggiati con le più sofisticate tecnologie per le operazioni di indagine e controllo: gli abitanti vengono costantemente fermati e perquisiti,

[34] Darren Byler, *China's Government Has Ordered a Million Citizens to Occupy Uighur Homes. Here's What They Think They're Doing*, cit.
[35] Human Rights Watch, *«Eradicating Ideological Viruses» China's Campaign of Repression Against Xinjiang's Muslims*, 9.9.2018, https://www.hrw.org/report/2018/09/09/eradicating-ideological-viruses/chinas-campaign-repression-against-xinjiangs

intercettati mentre parlano al telefono, scansionati da telecamere intelligenti.

Prima di prendere servizio nello Xinjiang, Chen Quanguo si era già fatto notare come governatore del Tibet, un altro territorio dove il governo della Repubblica popolare ha avuto modo di saggiare le sue competenze nella gestione di aree critiche.

Il nodo tibetano

Il Tibet rappresenta per Pechino un elemento di criticità paragonabile a quello dell'area dello Xinjiang: a causa delle sue caratteristiche geografiche, religiose ed etniche, anch'esso costituisce una potenziale minaccia per la realizzazione del Sogno cinese.

Per la Cina questo territorio significa soprattutto due cose: il controllo dei tre grandi fiumi cinesi (Fiume Azzurro, Fiume Giallo e Mekong) e il contrastato confine con l'India (il Celeste Impero rivendica la provincia indiana di Arunachal Pradesh).

Non è possibile ripercorrere qui, se non per sommi capi, la vicenda del Tibet; non si possono indagare nei dettagli le ragioni storiche delle frizioni politiche fra la sua popolazione e il governo cinese. Le relazioni tra Cina e Tibet sono la quintessenza della complessità. Restituisco solo qualche passaggio della storia recente per far capire come dal 1950, quando l'Esercito popolare di liberazione è penetrato nel territorio tibetano assumendone il controllo, la Cina ha portato avanti l'intento di normalizzare la situazione tibetana, senza riuscire a sopire le istanze indipendentiste degli abitanti.

Azioni di guerriglia furono intraprese dai tibetani già nel 1956; tre anni dopo, una violenta insurrezione a Lhasa fu sedata nel sangue dalle forze armate cinesi. Sempre nel 1959 la suprema guida spirituale del Tibet, il Dalai Lama, fu costretto ad abbandonare la sua patria. Da esiliato istituì un governo a Dharamsala, in India, dove fu raggiunto da tutte le figure di spicco, religiose e politiche, dell'élite tibetana. Presto ebbe inizio l'insediamento di cinesi han nella regione, nel frattempo divenuta «autonoma». La Repubblica popolare promosse quindi un'incisiva riforma agraria e attuò un vasto progetto per favorire l'omologazione culturale dei cittadini di etnia tibetana. Durante la Rivoluzione culturale, dal 1966 al 1976, la sinizzazione visse la sua fase più intensa e feroce, quando le Guardie rosse si resero colpevoli di atti di violenza indiscriminati e distrussero monasteri e templi.

Negli anni, i problemi del Tibet sono finiti sotto la lente dell'opinione pubblica mondiale grazie all'intensa attività diplomatica del Dalai Lama, insignito nel 1989 del premio Nobel per la pace, ma considerato da Pechino un «leader separatista», e grazie alla fascinazione occidentale per il buddhismo tibetano. Richieste per l'apertura di un negoziato sull'autonomia della regione si sono levate da più parti, sempre tuttavia rispedite al mittente dal governo cinese, che ha visto in queste prese di posizione un'operazione di destabilizzazione nei suoi confronti e un serio rischio per la sua sicurezza.

Nonostante la cassa di risonanza rappresentata da numerose personalità occidentali – l'attore americano Richard Gere è l'esempio più famoso – impegnate nel denunciare l'approccio politico cinese nell'area, e nonostante la spinta all'indipendenza sia rimasta viva e le proteste contro il governo cinese siano piuttosto frequenti, la vicenda tibetana non ha subito particolari scossoni negli scorsi decenni. Pechino ha saputo inserire il Tibet nel contesto virtuoso di crescita economica che ha interessato tutto il territorio cinese e ha portato avanti il tentativo di modernizzare l'area investendo ingenti risorse economiche.

La regione appare oggi dotata di infrastrutture impensabili solo alla fine del secolo scorso e può giovarsi delle rendite dovute allo sfruttamento delle sue enormi risorse naturali, finalmente avviato sotto la guida del governo centrale. La ferrovia d'altura che collega la capitale cinese e Shanghai a Lhasa, costruita vincendo un'incredibile sfida ingegneristica, scarica ogni giorno in Tibet un nutrito numero di turisti.

Nel contempo, però, il Celeste Impero ha coltivato la diffusione di una cultura cinese omogenea a scapito degli antichi costumi e della cultura tibetani. L'integrità etnica millenaria del Tibet è stata infatti messa a dura prova dall'immissione di cittadini han immigrati provenienti da tutta la Cina, un esercito inconsapevole che brandisce come arma la propria lingua, il proprio modo di vivere, le proprie abitudini. Le dinamiche di ordine pubblico, dinanzi a una popolazione che ha continuato a percepire la presenza han come quella di un occupante straniero, sono state gestite con il pugno di ferro.

Tuan Tuan e Yuan Yuan: Taiwan

Anche Tuan Tuan e Yuan Yuan sono due esemplari di panda gigante, il primo maschio, la seconda femmina. Dal 2008 vivono nella Giant Panda House allestita presso lo zoo di Taipei, a Taiwan. Sarebbero dovuti arrivare già nel 2005, ma l'allora presidente indipendentista di Taiwan, Chen Shuibian, li aveva rifiutati sostenendo che sarebbe stato meglio se i panda fossero rimasti nel loro ambiente naturale.

Nel settembre 2019 hanno compiuto quindici anni, all'incirca metà del tempo di vita cui può aspirare un panda in cattività (gli esemplari selvatici sopravvivono molto meno). In occasione dei compleanni di questi animali così rari e speciali, i gestori degli zoo che li ospitano sono soliti preparare delle torte giganti e un po' kitsch, ovviamente a base di bambù e di altri frutti di cui i panda sono ghiotti. Il copione delle festicciole organizzate nei giardini zoologici è sempre lo stesso: gli orsi arrivano e distruggono a zampate quelle bizzarre sculture edibili, divorandole all'istante.

I nomi Tuan Tuan e Yuan Yuan sono stati scelti dai cinesi nel 2006 con un sondaggio svolto nel corso del gran galà del Capodanno, sui canali della CCTV (proprio la trasmissione che ha reso celebre la *first lady* Peng Liyuan, con la sua audience da centinaia di milioni di telespettatori). La scelta dei due nomi non è stata casuale: incrociati danno origine alla parola 团圆 (*tuányuán*) che potremmo tradurre con «riunione», «riunificazione». Il nome ufficiale della piccola nazione insulare, infatti, è Repubblica di Cina, ma il Dragone, secondo il principio dell'«unica Cina» sancito nel 1992 con il cosiddetto *Taiwan consensus*, non riconosce all'isola l'indipendenza proclamata nel 1949 dai nazionalisti cinesi, che vi si rifugiarono dopo essere stati sconfitti da Mao Zedong al termine della guerra civile. La considera una provincia «ribelle», ha più volte minacciato di annetterla ammettendo la prassi di «un paese, due sistemi», e si rifiuta di intrattenere relazioni diplomatiche con i paesi che hanno conservato rapporti formali con l'isola.

Il potere economico cinese è talmente forte che ormai si tratta di sole diciannove nazioni al mondo, tutte minuscole, a cui si aggiunge lo Stato del Vaticano. In questi ultimi anni vari episodi hanno dimostrato che ormai la comunità internazionale è molto cauta nello schierarsi contro la Cina per quanto riguarda la questione taiwanese.

Nel 2018 l'amministrazione dell'aviazione civile cinese ha inviato lettere a 44 compagnie aeree straniere per invitarle a evitare ogni riferimento alla destinazione Taiwan senza precisazioni sulla sua appartenenza alla Cina. L'invito è stato accettato anche da vettori come Lufthansa, che ora presenta i suoi voli per Taipei con l'indicazione «Taiwan, China».[36]

[36] Sui-Lee Wee, *Giving In to China, U.S. Airlines Drop Taiwan (in Name at Least)*, «The New York Times», 25.7.2018, https://www.nytimes.com/2018/07/25/business/taiwan-american-airlines-china.html

Nel 2019 i marchi Coach e Givenchy, per evitare il boicottaggio dei loro prodotti in Cina, hanno dovuto scusarsi con i consumatori cinesi per aver sminuito la *One China policy* in seguito alla pubblicazione online di alcune T-shirt che indicavano Hong Kong e Taiwan come paesi indipendenti.

La Cina di Xi Jinping deve oggi esercitare un controllo su Taiwan e punta alla riunificazione con l'isola: si tratta di uno degli obiettivi indicati dal leader in vista del traguardo del centenario della Repubblica popolare, da celebrare nel 2049. Controllare Taiwan significa per Pechino cementare la sicurezza nazionale. Nessun presidente cederà mai su questo punto dell'agenda: la dichiarazione d'indipendenza dell'isola segnerebbe il fallimento e la fine delle ambizioni di qualsiasi *commander in chief* cinese.

Le relazioni tra le due sponde sono rimaste molto aspre e i rispettivi capi di Stato si sono incontrati per la prima volta nella storia solamente nel novembre 2015. Ultimamente, i rapporti sono diventati ancora più tesi: i tumulti a Hong Kong hanno avuto ripercussioni a Taiwan che, dopo anni di avvicinamento alla «madrepatria», ora riflette sull'opportunità di legarsi ulteriormente a Pechino. La paura è che le autorità della Repubblica popolare cinese possano da un momento all'altro stravolgere l'assetto istituzionale, sostanzialmente democratico, dell'isola. E in effetti gli alti funzionari cinesi non fanno altro che ricordare come «la Cina non prometta di rinunciare all'uso della forza e si riservi la possibilità di utilizzare tutti i mezzi necessari per raggiungere l'obiettivo della riunificazione delle due realtà».[37]

L'11 gennaio 2020 la rielezione con numeri record della pre-

[37] Lily Kuo, *«All necessary means»: Xi Jinping reserves right to use force against Taiwan*, «The Guardian», 2.1.2019, https://www.theguardian.com/world/2019/jan/02/all-necessary-means-xi-jinping-reserves-right-to-use-force-against-taiwan

sidente uscente Tsai Ing-wen del PPD (Partito progressista democratico), contrapposta al candidato più filocinese del Kuomintang (Partito nazionalista), ha dimostrato come la minaccia sempre più assertiva del Dragone di applicare all'isola la politica di semiautonomia concessa a Hong Kong, quella dello slogan «un paese due sistemi», abbia spaventato gli abitanti di Taiwan.

Il PPD e il Kuomintang sono i due partiti principali dell'isola e non presentano differenze sostanziali in merito all'indipendenza: il primo è più schierato e la rivendica in un quadro di sostanziale mantenimento dello *status quo* (caratterizzato dagli indispensabili rapporti economici con Pechino), il secondo la nega, così come si oppone a qualsiasi istanza di unificazione con la terraferma, che accetterebbe soltanto se avvenisse sotto la sua guida.

Tuttavia Taiwan è un'isola che vive di importazioni: le sono di vitale importanza sia i rapporti con la Cina, sia la possibilità di accedere alle rotte marittime a causa della forte dipendenza dai trasporti navali. L'isola, che i navigatori portoghesi battezzarono «Formosa», gode di una posizione geografica a dir poco strategica, circondata da due aree marittime incandescenti: lo Stretto di Taiwan (o di Formosa), oltre il quale si staglia la costa orientale del Celeste Impero, e lo Stretto di Luzon, che separa l'isola dall'arcipelago filippino. Un incrocio di venti, insomma, il luogo dove potenzialmente possono scontrarsi gli interessi nell'Oceano Pacifico di Cina, Giappone e Stati Uniti.

A partire dal 1949, Taiwan ha saputo ottenere il supporto degli Usa, che per trent'anni si sono rifiutati di riconoscere ufficialmente Pechino. Nel 1971, però, le Nazioni Unite hanno tolto all'isola il seggio nell'Assemblea generale e le istanze cinesi, da allora, sono rappresentate dal gigante della terraferma. Si è assistito così al progressivo disconoscimento di Taiwan da parte di moltissimi membri della comunità internazionale. Anche per gli

Stati Uniti di Jimmy Carter la Cina diventa una nel 1979, in conseguenza della *ping pong diplomacy*: i rapporti con Taiwan subiscono un brusco stop, salvo riprendere poco dopo, con il Taiwan Relations Act. Si tratta di relazioni informali, ma la Casa Bianca ha ribadito nel tempo la loro importanza strategica.

Nel corso degli anni, gli Usa hanno coltivato con l'isola rapporti bilaterali contraddistinti soprattutto dalla vendita di armi, per un valore totale stimato che supera i 46 miliardi di dollari. L'obiettivo di tali forniture è ufficialmente quello di aumentare la stabilità tra le due sponde dello Stretto di Formosa, in un'area del Pacifico già complessa per molte altre ragioni geopolitiche. In questo contesto si colloca la rabbia cinese per la telefonata di congratulazioni della presidente di Taiwan, Tsai Ing-wen, accolta con i crismi dell'ufficialità da Donald Trump all'indomani della sua elezione alla fine del 2016. Appena insediatosi, il nuovo inquilino della Sala ovale ha inoltre firmato il National Defence Authorization Act, un accordo che prevede collaborazioni e scambi di visite tra navi da guerra statunitensi e taiwanesi. Con il Taiwan Travel Act del 2018, invece, si sono poste le basi per incontri bilaterali tra funzionari di Washington e Taipei.

Pechino sta alla finestra e vigila su una situazione a suo parere molto critica. Il comportamento degli Usa è ritenuto una pericolosissima ingerenza in un affare interno. Come abbiamo visto, tuttavia, l'area di scontro tra l'Aquila americana e il Dragone è molto più ampia. Taiwan è soltanto la porta d'accesso al Mar Cinese Orientale e al Mar Cinese Meridionale. Nel primo la Cina litiga da tempo con il Giappone – in ballo c'è la sovranità sulle isole Senkaku-Diaoyu –, il secondo è conteso con Malesia, Filippine, Vietnam e Brunei. Si tratta di un altro fronte incandescente tra Cina e Usa: per la prima volta a partire dalla Seconda guerra mondiale, la Repubblica popolare cinese sta mettendo in discussione il predominio americano dell'area indo-pacifica. Gli Usa hanno reagito coniugando l'accerchiamento militare con l'isolamento economico e facendo pressione soprattutto sui loro alleati storici, come Giappone e Corea del Sud. La tendenza che emerge ultimamente, però, è che ormai nessun paese disdegni di fare affari con il Dragone.

A questo proposito può essere interessante riflettere su questa sintesi di Lee Kuan Yew, padre fondatore ed ex primo ministro della città-Stato di Singapore, morto nel 2015, abile diplomatico, stimato e ascoltato da presidenti americani e premier britannici: «La Cina sta risucchiando i paesi del Sudest asiatico nel suo sistema economico in virtù del suo vasto mercato e del suo potere d'acquisto. Anche il Giappone e la Corea del Sud vi saranno inevitabilmente risucchiati. Essa non fa altro che assorbire i paesi, senza dover ricorrere all'uso della forza. La crescente influenza economica della Cina sarà molto difficile da contrastare».

Nonostante abbia messo in atto una frenetica corsa agli armamenti (la spesa militare cinese risulta seconda solo a quella degli Usa: nel 2019 ammonta a 177,6 miliardi di dollari, il 26 per cento di quella americana), il Dragone sembra infatti intenzionato a proseguire la sua ascesa in Asia facendo leva soprattutto sulla dipendenza economica degli altri paesi e puntando sul disimpegno americano nell'area.

Xing Xing: il Giappone e il Mar Cinese Orientale

Xing Xing è un giovane panda dello zoo di Kobe in Giappone. Ha quattordici anni quando muore, nel settembre 2010, per un attacco cardiaco durante un'estrazione artificiale di seme con cui avrebbe dovuto essere fecondata una sua coetanea. La triste vicenda potrebbe essere derubricata come una tragica fatalità, ma ancora una volta stiamo parlando di un rarissimo esemplare di panda gigante, e ancora una volta si tratta di un animale concesso dal Celeste Impero a uno zoo straniero attraverso un prestito oneroso.

Un team di esperti si muove dalla Cina e raggiunge lo zoo di Kobe. Si tratta di etologi titolati, ma i modi sono quelli di una magistratura inquirente. Emergono subito irregolarità, in primo luogo nel *timing* dell'estrazione, avvenuta nella stagione autunnale, lontano dall'unico periodo utile secondo la scienza, la finestra tra marzo e maggio. I sospetti si concentrano anche sulle dosi eccessive di sedativo utilizzate dai giapponesi. Le teorie cospirazioniste intanto proliferano sul web cinese, inserendo la scomparsa del povero Xing Xing in una cornice di relazioni diplomatiche. La morte dell'orso avviene infatti mentre un peschereccio cinese è sotto sequestro e il suo capitano è in stato di fermo per avere speronato una motovedetta della guardia costiera giapponese. L'incidente diventa un «affare di Stato» perché accade nei pressi delle isole Senkaku-Diaoyu, oggetto di una disputa territoriale tra Cina, Giappone e Taiwan che dura da oltre un secolo.

Cina e Giappone hanno incrociato le armi in due occasioni negli ultimi centocinquant'anni. Il primo conflitto sino-giapponese durò un anno e scoppiò nel 1894. Il secondo ebbe inizio nel 1937 e si protrasse fino al termine della Seconda guerra mondiale. Nel 1895, al termine del primo scontro, la Cina cedette al Giappone una serie di importanti territori, tra cui Formosa e tutte le isolette circostanti. Lo *status* delle Senkaku-Diaoyu rimase invece fumoso: la loro appartenenza a Taiwan non era appurata e incerto fu anche il loro passaggio ai vincitori nipponici. L'amministrazione dell'arcipelago passò quindi agli Stati Uniti, dal 1945 fino al 1972. Appena gli Usa si ritirarono dai territori occupati in quella zona del Pacifico, Pechino e Taipei rivendicarono la loro sovranità sulle Senkaku-Diaoyu, nel frattempo attribuite al Giappone secondo quanto stabilito dai trattati di pace tra Washington e Tokyo. L'arcipelago conteso, posto a metà strada tra la giapponese Okinawa e Taiwan, è da sempre particolarmente ambito per la pescosità delle sue acque (fino all'inizio del XX secolo i giapponesi hanno gestito sulle isole uno stabilimento per la lavorazione del *katsuobushi*, il tonno essiccato e grattugiato) e per la probabile presenza nel sottosuolo di preziose risorse naturali (gas naturale, petrolio).

I corridoi navali di transito sono strategici per Pechino: tratti di mare che in condizioni di pace possono essere attraversati da qualsiasi imbarcazione battente qualsivoglia bandiera, ma che in caso di conflitto in atto possono chiudere ermeticamente l'accesso alle coste, isolando il Celeste Impero. Il libero transito dei cinesi verso l'Oceano Pacifico è però ostacolato in primo luogo dal Giappone, e deve fare i conti anche con la presenza militare americana nell'area (i soldati americani attualmente di stanza in territorio nipponico sono 53.000).

L'incidente del peschereccio cinese viene chiuso dalle autorità giapponesi il 23 settembre 2010 con il rilascio del suo comandante Zhan Qixiong, su cui pendeva una condanna a tre anni di carcere. Al suo rientro in patria, Zhan viene accolto con gli onori dell'eroe, mentre l'opinione pubblica nipponica insorge e scende in piazza contro la blanda reazione del governo di Tokyo davanti al concreto rischio di un'invasione cinese. Il «New York Times» definisce «umiliante» la ritirata del Giappone, descrivendola come simbolica di un nuovo equilibrio del potere in Asia. Da allora, attorno ai circa 7 chilometri quadrati di terra emersa e disabitata delle isole Senkaku-Diaoyu, sono contrapposte da un lato la marina militare cinese e dall'altro la guardia costiera giapponese. Il Giappone denuncia spesso incursioni di navi cinesi nelle sue acque territoriali e legge la rinnovata intraprendenza su quella fetta di mare come un chiaro segnale della politica espansionista della Repubblica popolare cinese.

Everest: il Mar Cinese Meridionale

Ha due occhioni azzurri enormi Everest, e la pelliccia bianca e folta. È grande e grosso e quando sorride è irresistibile. Non è un panda, eppure anche lui è diventato oggetto di diatribe diplomatiche tra la Cina e i suoi vicini.

Il bestione è uno yeti – sì, proprio la creatura leggendaria delle credenze popolari himalayane – che riesce a scappare dal laboratorio di un ricco uomo d'affari di Shanghai e che, grazie all'aiuto di una ragazzina cinese di nome Yi e dei suoi amici, compie un viaggio che lo porterà a riunirsi alla sua famiglia proprio sulla montagna che ha il suo nome. Il film di animazione che racconta la storia di Everest si intitola *Abominable* (in italiano *Il piccolo Yeti*) ed è frutto di una coproduzione sino-americana tra la Dreamworks Animation e la Pearl Studio con sede a Shanghai.

Il lungometraggio ha debuttato nei cinema di tutto il mondo tra il settembre e l'ottobre 2019, ma è stato improvvisamente ritirato dalle sale in Vietnam, Malesia e Filippine. La pietra dello scandalo? Una carta geografica della Cina che compare in una delle prime scene del film: per pochi istanti si vede nitidamente una linea tratteggiata che parte dalla costa meridionale della Cina e abbraccia quasi tutto il Mar Cinese Meridionale. Filippine, Vietnam e Malesia hanno protestato perché hanno visto in quell'immagine una delle tante mosse di *soft power* architettate da Pechino per far passare come realtà oggettiva qualcosa che per tutti oggettivo non è. Quella grande distesa d'acqua racchiusa da una linea intermittente, infatti, è un mare oggetto di contesa.

Dalla sua fondazione nel 1949, la Repubblica popolare si è rappresentata nelle carte geografiche con la forma del cosiddetto «gallo in piedi»: i suoi confini terrestri abbracciano Tibet e Xinjiang, mentre quelli marini sono de-

CARTA ORIZZONTALE DELLA RPC («GALLO IN PIEDI»)

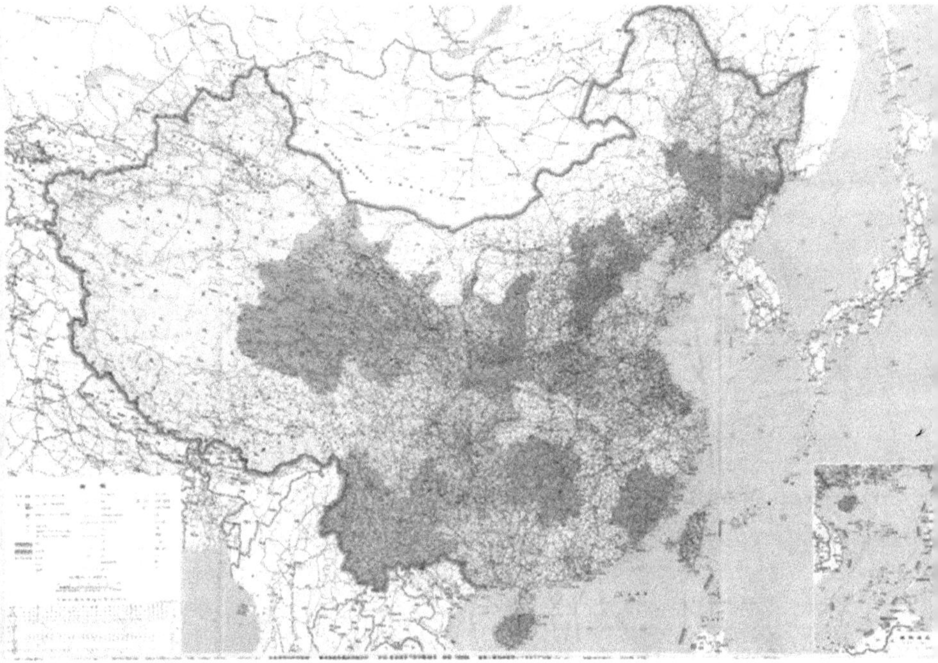

limitati dalla cosiddetta «linea dei nove punti», un segno tratteggiato che estende unilateralmente gli interessi cinesi sulle isole Senkaku-Diaoyu nel Mar Cinese Orientale, contese come abbiamo visto col Giappone, e su un'area del Mar Cinese Meridionale che include anche le Spratly e le Paracel, quasi 3,5 milioni di chilometri quadrati di territori insulari rivendicati anche da Vietnam, Brunei, Malesia, Filippine e Taiwan. Stiamo parlando di zone pressoché disabitate, ma attorno alle quali, per la loro posizione strategica, si muove oggi un quinto dei traffici mondiali di merci. Non solo, secondo l'Energy Information Administration (EIA) del governo americano, nel sottosuolo dell'area sono presenti circa 11 miliardi di barili di petrolio e 190 trilioni di piedi cubi di gas naturale classificati come riserve accertate o probabili.[38]

A partire dal 2013 la Cina rivendica la sua sovranità sul Mar Cinese Meridionale e ha marcato il territorio costruendovi isole artificiali per usi civili e soprattutto militari, incurante sia delle proteste internazionali sia del rischio di uno scontro diretto con gli Stati Uniti.

Nel 2016, in seguito a un ricorso presentato dalle Filippine, la Corte arbitrale internazionale dell'Aja ha rispedito al mittente le pretese di sovranità di Pechino sull'area, sancendo di fatto l'illegittimità della «linea dei nove punti». Secondo i togati, la Cina ha leso la sovranità di Manila in un'area nella quale non può rivendicare alcun diritto storico.

La sentenza, tuttavia, è arrivata una settimana prima dell'insediamento del controverso presidente della Repubblica delle Filippine Rodrigo Duterte, che da subito ha fatto intendere di voler invertire la rotta nella disputa territoriale sul Mar Cinese Meridionale. Il leader filippino, intenzionato a coltivare rapporti amichevoli con Pechino e a puntare sugli investimenti economici del Dragone nell'arcipelago, ha definito «ingerenze» le prese di posizione nell'area dello storico alleato americano e, in barba ai pronunciamenti delle Nazioni Unite, ha dato libero accesso ai pescherecci cinesi nella zona economica esclusiva filippina. Il responso dell'Aja, quindi, non ha sortito alcun effetto, anzi, negli ultimi anni la Cina è diventata più insistente nelle sue ostentazioni di sovranità su quel pezzo di oceano.

L'avvento al potere di Xi Jinping ha coinciso infatti con l'adozione di una nuova cartina geografica ufficiale. Il tra-

[38] https://www.eia.gov/todayinenergy/detail.Php?id=10651

CARTA VERTICALE DELLA RPC («TORCIA INFUOCATA»)

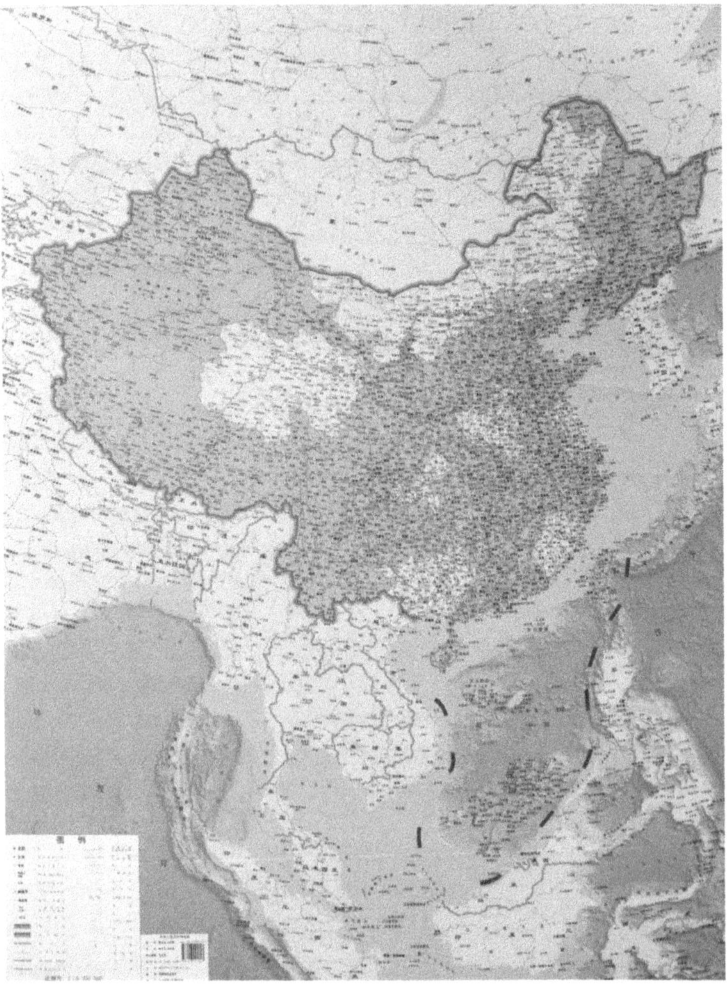

dizionale formato orizzontale è stato sostituito da una versione verticale che mette meglio in risalto i territori marini che la Repubblica popolare rivendica con forza (nella modalità «gallo in piedi» i tratti di mare contesi venivano relegati, in scala ridotta, dentro un boxino ai margini della carta, un po' come accade all'arcipelago hawaiano nelle carte degli Usa). La Cina di Xi Jinping, dentro il reticolo di meridiani e paralleli, si è invece trasformata in una «torcia infuocata» il cui manico è costituito proprio dai trattini che inglobano il Mar Cinese Meridionale. E non solo: la «linea dei nove punti» si è arricchita di un decimo tratto, utile a incorporare completamente l'isola di Taiwan. Il formato verticale, inoltre, ha contribuito a ridimensionare gli Stati confinanti e a far scomparire quasi del tutto il Giappone.

Non è un caso che, quando nel 2015 il governo centrale cinese ha legiferato sull'industria dell'informazione geografica, disciplinando e rilanciando secondo precise direttive la compilazione delle nuove cartine geografiche, l'agenzia di stampa Xinhua abbia parlato di una «mossa cruciale per tutelare la sovranità, la sicurezza e l'interesse nazionale».

Non sorprende, quindi, che Vietnam, Malesia e Filippine abbiano reagito con fermezza alla mappa della discordia usata nel film *Il piccolo Yeti*, frutto a loro avviso di un preciso disegno geopolitico e non certo di un refuso cinematografico.

Il Vietnam è il più sensibile al tema: ispeziona sistematicamente i beni importati, cinesi e non, che includono app per la navigazione, come gli smartphone o le automobili: se forniscono la mappa con la «linea dei nove punti», provvede a disinstallarle.

La cartografia come arma per legittimare la sovranità e la diplomazia dei panda sono soltanto due esempi di come la Cina pensi se stessa e si autorappresenti. Entrambe sono strumenti concreti per veicolare gli ideali patriottici cinesi.

Negli anni Novanta del secolo scorso, il governo della Repubblica popolare ha lanciato la «campagna per l'educazione al patriottismo» con l'obiettivo di riaccendere nei cinesi, in particolare nei giovani, l'amor di patria, educando la popolazione alla storia in una chiave fortemente nazionalista.

Sono stati potenziati musei, memoriali e siti di rilevanza storica; i programmi scolastici, alla base di nuovi libri di testo, hanno tolto spazio alle lunghe digressioni dedicate alle vicende interne, alla lotta di classe, agli scontri tra il PCC e il Partito nazionalista per mettere sotto la lente i conflitti contro il nemico straniero e il cosiddetto secolo dell'«umiliazione nazionale» (国耻, *guóchǐ*). Con questa definizione, alla fine del Novecento, si è scelto di indicare il lungo periodo iniziato con la sconfitta cinese contro la Gran Bretagna nella Prima guerra dell'oppio e la conseguente firma del Trattato di Nanchino del 1842 e terminato in seguito alla vittoria del Partito comunista e alla nascita della Repubblica popolare cinese nel 1949. Una fase storica contraddistinta da pesanti occupazioni militari occidentali e giapponesi, con il loro strascico di violenze e orrori (si pensi, per portare un unico esempio, allo «stupro di Nanchino» del 1937, ancora oggi ragione di forti dissidi tra Cina e Giappone).

La costruzione di una nuova memoria del popolo cinese è passata attraverso uno *storytelling* estremamente pervasivo che ha raggiunto in pochi anni le coscienze dei millennial, un racconto in cui il Celeste Impero è prima vittima di invasioni e sfruttamento e poi protagonista di una rinascita e di un orgoglioso riscatto.

La visione di una Grande Cina, unita, unica e indivisibile: è uno dei tasselli fondamentali per la realizzazione del Sogno cinese di Xi Jinping. Il Celeste Impero si sente in credito con la storia, pensa di aver subito dei torti, vuole tornare a esercitare la sua influenza anche fuori dai propri confini. In epoca imperiale esisteva un principio che negli ultimi anni è tornato in auge nel dibattito pubblico cinese. Xi Jinping l'ha utilizzato, per esempio, in un discorso che celebrava il quinto anniversario del progetto della Nuova via della seta, nel 2018: «La Belt and Road è in linea con l'attenzione riposta dal popolo cinese nei confronti delle civiltà lontane e il concetto di *tiānxià*, basato sull'armonia tra tutti i popoli».

Difficile tentare una traduzione spicciola di un'elaborazione del pensiero estremamente complessa: *tiānxià* (天下), «quello che sta sotto il cielo», oppure «l'universo». L'espressione racchiude in sé un'antica concezione della governance: un mondo organizzato in modo armonioso, in cui l'Impero cinese, collegato a Stati limitrofi tributari più o meno cinesizzati, occupava un ruolo centrale, forte della sua influenza culturale, politica e commerciale, all'insegna del mutuo interesse. Un concetto che nei secoli è stato adottato, discusso, abbandonato, ripreso, aggiornato. All'inizio del XXI secolo, dopo gli anni frenetici dello sviluppo e l'affacciarsi del gigante asiatico sui palcoscenici dell'economia mondiale, è uscito per la prima volta dai confini cinesi, diventando uno dei principi cardine della politica estera di Pechino.

Il Sogno promosso da Xi Jinping potrà realizzarsi pienamente quando si allargherà e abbraccerà il mondo, quando diverrà un «Sogno globale». C'è un disegno di futuro, nel concetto di nuovo *tiānxià*, un futuro che affonda le radici nei capisaldi della civiltà cinese, nella sua filosofia, nei suoi principi etici ed estetici. *Tiānxià* è una visione che spazza via tutte le altre possibili, inglobandole e armonizzandole. *Tiānxià* è oltre: oltre i confini nazionali, gli odi etnici, le lingue e le religioni. *Tiānxià* è la promessa di un mondo possibile, alla portata di chiunque riconosca la superiorità dei valori cinesi.

Aveva ragione Renata Pisu, grande sinologa italiana, quando, più di un decennio fa, nel suo libro *Cina, il drago rampante*,[39] descriveva il Celeste Impero come «un treno che sta andando a tutta velocità, ma nessuno sa dove, né se farà una qualche fermata, né se c'è un capolinea».

Ora che la traiettoria del Dragone sembra più chiara, da occidente si può rispondere con diffidenza alle sollecitazioni del Sogno cinese, si può pensare all'ennesimo tentativo egemonico di una nazione che sta vivendo la sua età dell'oro. Ma ormai è certo che la Cina sia arrivata. Ci chiama e ci interpella tutti. Come continuava la Pisu: «Forse Cina e Occidente dovrebbero entrambi reinventarsi o, quanto meno, trovare il modo di incontrarsi».

[39] Renata Pisu, *Cina, il drago rampante*, Milano, Sperling & Kupfer, 2006.

VII

Coronavirus, il cigno nero

> Dobbiamo mantenere la massima allerta nei confronti dei «cigni neri» [gli imprevisti] e adottare misure per prevenire i «rinoceronti grigi» [i rischi noti che vengono ignorati].
>
> XI JINPING, presidente della RPC

Mentre questo libro va in stampa è scoppiata l'epidemia del coronavirus (2019-nCoV). L'epicentro è Wuhan, una città della provincia dello Hubei, da dove, alla fine del 2019, sono partite le prime segnalazioni di pazienti con gravi polmoniti, che hanno poi portato alla scoperta del virus. Wuhan è uno snodo strategico e un importantissimo *hub* di passaggio, situato proprio al centro del Celeste Impero. L'origine dell'agente patogeno non è ancora certa: l'ipotesi più accreditata fa riferimento a un mercato del pesce della città, dove venivano venduti anche animali vivi come serpenti e pipistrelli. A partire da metà gennaio 2020, il contagio si è diffuso velocemente, raggiungendo migliaia di persone e penetrando anche in molti altri paesi del mondo.

La reazione cinese davanti al focolaio epidemico del coronavirus ha inizialmente fatto pensare a una Cina diversa da quella del 2003, quando il paese fu colpito dalla gravissima epidemia della SARS;[40] sono subito riemerse, tuttavia, antiche contraddizioni e carenze strutturali che hanno fi-

[40] *Severe acute respiratory syndrome* (Sindrome respiratoria acuta grave), identificata dal medico italiano Carlo Urbani, che ne fu vittima. Causò la morte di circa ottocento persone in diciassette paesi.

nito per alimentare la sfiducia della comunità internazionale nei confronti del Dragone.

All'epoca della SARS, il sistema sanitario cinese era frammentato e privo di un efficace coordinamento. Il governo fu aspramente criticato per aver taciuto al resto del mondo l'esistenza dei primi casi di contagio, rivelati con un ritardo di mesi. Il comportamento di Pechino rese più complessa la risposta su scala globale alla diffusione del virus e condusse a una rischiosa crisi sanitaria mondiale. La leadership cinese di allora temette che un'emergenza sanitaria di quelle proporzioni potesse compromettere l'immagine del paese, in una fase in cui l'economia stava crescendo velocemente, a soli due anni dall'ingresso della Cina nel WTO.

In quest'occasione, invece, poco dopo l'identificazione dei primi casi di coronavirus a Wuhan, il 31 dicembre 2019[41] l'Organizzazione Mondiale della Sanità ha ricevuto le informazioni relative alle polmoniti sospette e alla loro evoluzione. Questa volta il grave ritardo ha riguardato soprattutto la mancata adozione di misure restrittive immediate e la condivisione delle informazioni con la popolazione. A causarlo, un annoso problema burocratico del sistema politico cinese, risalente all'epoca imperiale: il macchinoso passaggio delle comunicazioni tra i governi provinciali e gli organi del potere centrale. In un territorio vasto come la Cina, nei luoghi lontani da Pechino proliferano da sempre gruppi di potere poco disposti a seguire le direttive provenienti dai vertici nazionali e accade spesso che i funzionari locali evitino di segnalare problematiche in grado di compromettere la stabilità dell'intero sistema per timore di riper-

[41] *Nowcasting and forecasting the potential domestic and international spread of the 2019-nCoV outbreak originating in Wuhan, China: a modelling study*, https://www.thelancet.com/journals/lancet/article/PIIS0140-6736(20)30260-9/fulltext

cussioni. Il sindaco di Wuhan, in un'intervista televisiva, ha ammesso di avere inizialmente sottostimato il pericolo dell'infezione virale, aggiungendo, in sostanza, che il ritardo dell'allarme è stato causato dalla legge cinese, in base alla quale deve essere il governo centrale a ufficializzare l'esistenza di gravi emergenze sanitarie.

Una volta formalizzato l'allarme, tuttavia, sono state adottate misure senza precedenti, con una velocità impensabile per i sistemi democratici. Xi Jinping ha definito il virus un «demone» contro cui ingaggiare una «lotta seria», mentre Wuhan e altre diciassette città della regione dello Hubei venivano messe in quarantena. Un provvedimento di dimensioni impressionanti: a sessanta milioni di persone, pari all'intera popolazione italiana, è stato impedito ogni spostamento – *sine die* e senza certezze sull'efficacia di una simile profilassi – in un estremo tentativo di bloccare la diffusione del contagio. Appare evidente la complessità di questa ciclopica operazione, anche per tutti gli aspetti che esulano dal mero controllo degli spostamenti. Si tratta infatti di predisporre l'approvvigionamento di risorse alimentari per un vastissimo numero di cittadini, che nel contempo necessita di assistenza sanitaria avanzata. Nell'area sono stati inviati medici e soldati per fronteggiare l'emergenza e a Wuhan in pochissimi giorni sono stati costruiti dal nulla due ospedali con un migliaio di posti letto ciascuno.

È scattata inoltre un'ulteriore stretta sulle informazioni online, per evitare il più possibile la diffusione di *fake news* in grado di generare situazioni di panico. Le festività del Capodanno cinese[42] sono state prolungate per limitare la mobi-

[42] Il Capodanno lunare o Festa di primavera (*Chūnjié*), in Cina, è la ricorrenza principale dell'anno. Può essere paragonata al nostro Natale e viene definita «la più grande migrazione di massa al mondo» perché registra il movimento simultaneo di circa cinquecento milioni di persone che tornano nelle città di origine per festeggiare in famiglia.

lità pubblica in tutte le maggiori città e ritardare a livello nazionale l'apertura di fabbriche, scuole e uffici. Hanno presto fatto il giro del mondo, intanto, le immagini e le voci degli abitanti di Wuhan, costretti in quarantena, mentre cercano di tenere alto il proprio morale gridando dalle finestre dei palazzi «Forza Wuhan!»; i volti dei medici e delle infermiere segnati dalle mascherine tenute addosso troppe ore durante la visita dei pazienti; le file chilometriche di gente in attesa di farsi misurare la temperatura davanti agli ospedali.

Il coronavirus è il «cigno nero», nei confronti del quale Xi Jinping aveva inconsapevolmente messo in guardia i funzionari di massimo grado del Partito comunista durante un incontro all'inizio del 2019. È il granello di sabbia negli ingranaggi della nazione, l'evento imprevisto che, se gestito male, è in grado di mettere irrimediabilmente in discussione la legittimità del partito e il ruolo della sua leadership. Il contratto sociale tra PCC e popolazione che regge il Celeste Impero è infatti semplice: benessere e stabilità in cambio della rinuncia ad alcune libertà. Come abbiamo avuto modo di approfondire nei capitoli precedenti, i cinesi accettano il rigido controllo a cui viene sottoposta la loro vita perché sanno che serve a garantire sicurezza e soluzioni in casi di emergenza come l'attuale.

Il «cigno nero» può far deragliare la corsa del Dragone mentre insegue le ambizioni descritte in questo libro. È, inoltre, la potenziale causa di gravissimi contraccolpi[43] per l'economia nazionale e quindi per quella mondiale, alla luce dei legami ormai indissolubili del sistema produttivo della Cina con le sorti dei mercati globali.

[43] Alcuni analisti prevedono un rallentamento della crescita del Pil cinese al 5 per cento nel primo trimestre 2020. Cfr. Andrea Pira, *Cina, il coronavirus rischia di spingere il Pil cinese sotto il 5%*, «Milano Finanza», 29.01.2020. https://www.milanofinanza.it/news/cina-il-coronavirus-rischia-di-spingere-il-pil-cinese-sotto-il-5-202001291514103983

La vicenda del coronavirus ha scatenato all'estero un'ondata di disapprovazione nei confronti del governo di Pechino, accusato di ritardi nell'ammissione della crisi e destinatario di sospetti circa il numero reale dei contagi e delle vittime. Al contempo, purtroppo, la copertura mediatica occidentale si è rivelata spesso superficiale e a tratti sottilmente compiaciuta, a dimostrazione di quanto sia ancora ampio il divario da colmare nella conoscenza dell'universo Cina. Cedere alla retorica del discorso anticinese, che definisce una cultura e un intero popolo «barbari», puntando il dito contro bizzarre, almeno per noi, abitudini alimentari, rischia solo di creare distanza, moltiplicare i pregiudizi e soffiare sul fuoco del razzismo.

Come era accaduto con la SARS e con il devastante terremoto nella regione del Sichuan (con i suoi settantamila morti) nel 2008, anche questa volta le autorità di Pechino sono riuscite a coinvolgere e mobilitare la popolazione, con l'obiettivo di trovare soluzioni comuni per superare la fase critica. Ogni cittadino ha fatto la sua parte mettendosi a disposizione della comunità: in città qualcuno si è offerto di trasportare materiali da un presidio sanitario all'altro, in campagna i medici che battono i villaggi per scoprire nuove vittime del contagio sono accompagnati e assistiti. Non mancano le polemiche e le accuse contro i funzionari locali responsabili dei ritardi con cui sono stati adottati i primi provvedimenti per contrastare l'epidemia, e serpeggia un diffuso scetticismo nei confronti del governo per gli errori commessi (per esempio, aver permesso a cinque milioni di persone di lasciare Wuhan prima di istituire la quarantena).

Gli equilibri, in una situazione come questa, sono fragili, gli esiti imprevedibili. Per i vertici cinesi il coronavirus è una cartina al tornasole: se la crisi riuscirà a essere controllata e rientrerà, il partito e Xi Jinping se ne attribuiranno il merito, dimostrando l'efficienza e la solidità del sistema; se ciò non dovesse accadere, i costi umani e politici saranno altissimi.

Nel momento in cui queste righe vedono la luce, ogni previsione sugli sviluppi futuri risulta azzardata. Sicuramente l'incapacità di sconfiggere l'epidemia in tempi brevi e uno stop troppo brusco della crescita economica cinese avrebbero conseguenze negative per tutti.

Soltanto una cosa è certa: la strada verso la conoscenza del Dragone, davanti a noi, è ancora lunga.

Bibliografia

Allison, Graham, Blackwill, Robert D., Kuan Yew, Lee, *The Grand Master's Insights on China, the United States, and the World*, Cambridge (Ma.), MIT Press Ltd, 2013.

Bertuccioli, Giuliano, Masini, Federico, *Italia e Cina*, Roma-Bari, Laterza 1996.

Bremmer, Ian, *Noi contro di loro. Il fallimento del globalismo*, trad. it., Milano, Università Bocconi, 2018.

Brown, Kerry, *L'Amministratore del popolo. Xi Jinping e la nuova Cina*, trad. it., Roma, Luiss University Press, 2018.

Clark, Duncan, *Alibaba. La storia di Jack Ma e dell'azienda che ha cambiato l'economia globale*, trad. it., Milano, Hoepli, 2017.

Economy, Elizabeth C., *The Third Revolution. Xi Jinping and the New Chinese State*, Oxford, Oxford University Press Inc., 2018.

Frankopan, Peter, *Le vie della seta. Una nuova storia del mondo*, trad. it., Milano, Mondadori, 2019.

Hua, Yu, *Mao Zedong è arrabbiato*, trad. it., Milano, Feltrinelli, 2018.

Kunwu, Li, Ôtié, Philippe, *Una vita cinese*, 3 voll., trad. it., Torino, Add, 2017.

Lavagnino, Alessandra C., Mottura, Bettina, *Cina e modernità. Cultura e istituzioni dalle Guerre dell'oppio a oggi*, Roma, Carocci, 2016.

Nisbett, Richard E., *Il Tao e Aristotele. Perché asiatici ed occidentali pensano in modo diverso*, trad. it., Milano, Rizzoli, 2007.

Osnos, Evan, *Age of Ambition: Chasing Fortune, Truth and Faith in the New China*, London, Zed Books, 2015.

Pieranni, Simone, *Cina globale*, Castel San Pietro Romano, Manifestolibri, 2017.
–, *Red Mirror. Il nostro futuro si scrive in Cina*, Roma-Bari, Laterza, 2020.
Pisu, Renata, *Cina, il drago rampante*, Milano, Sperling & Kupfer, 2006.
Samarani, Guido, *La Cina contemporanea. Dalla fine dell'impero a oggi*, Torino, Einaudi, 2017.
Scarpari, Maurizio, *Ritorno a Confucio. La Cina di oggi fra tradizione e mercato*, Bologna, Il Mulino, 2015.
Sorace, Christian P., Franceschini, Ivan, Loubere, Nicholas (a cura di), *Afterlives of Chinese Communism: Political Concepts from Mao to Xi*, Acton ACT, ANU Press and Verso Books, 2019.
Vogelsang, Kai, *Cina, una storia millenaria*, trad. it., Torino, Einaudi, 2014.

Ringraziamenti

Grazie a Simone Pieranni per aver raccontato la Cina insieme a me a bordo di un risciò. Grazie a Giulia Pompili per i *brainstorming*, l'ascolto e la cura, grazie ad Andrea Pira per la precisione, grazie a Desirée Marianini e ad Alessandra Spalletta per l'incoraggiamento.

Grazie a Mila, Augusto, Rolando, Margherita e Irene, la mia famiglia che mi aspetta sempre, nonostante la mia vita randagia.

Grazie a Maria Pierantoni Giua e ad Enrica Tesio, smussatrici di spigoli.

Grazie a chi ha giocato con me per trovare il titolo giusto e a Diana Corati per la fotografia sulla quarta di copertina.

Grazie a Dario Di Vico per avermi detto di tornare in Cina.

Grazie a Sarah Orlando, Federico Pasini, Andrea Verdelli, Chiara Gensini e Stefano Cantarutti e al signor Hu per le piccole grandi cose in cui mi hanno supportata a Pechino.

Grazie a Bianca Berlinguer e al meraviglioso gruppo di lavoro di #Cartabianca per il tifo incondizionato.

Grazie a Igor Pagani per avermi chiesto di scrivere questo libro e a Valentina Rossi per avermi aiutato a realizzarlo.

Grazie ai miei maestri e alle mie maestre – tanti, sono stata fortunata – per tutto quello che mi hanno insegnato.

MISTO
Carta da fonti gestite
in maniera responsabile
FSC® C115118
FSC
www.fsc.org

Mondadori Libri S.p.A.

Questo volume è stato stampato
presso ELCOGRAF S.p.A.
Stabilimento - Cles (TN)

Stampato in Italia - Printed in Italy